做事的智慧与禁忌

廖康强　编著

西安电子科技大学出版社

内 容 简 介

用智慧的方式做事，你将迅速获得最大限度的成功，而如果做事触犯禁忌，一番辛苦之后也许是徒劳无功的。本书通过大量生动形象的例子，以通俗易懂的语言，运用正反对比的方式，将告诉你如何以正确的方式做事才能更容易获得成功。

序

你是否曾因为说话时口不择言而失掉一个朋友？

你是否曾因为某些行为欠妥而错过一个机会？

你是否曾因为做事时过于莽撞而惹来一身麻烦？

你是否曾因为销售时不擅言辞而失掉一笔生意？

……

如果真是这样，那么你应该静下心来，仔细考虑一下，自己是不是在某些地方做错了。

有一些内在的东西是无法在学校的课堂里学到的，那就是生存的智慧。一个人无论多么聪明，多么能干，背景条件多么好，如果不懂得生存的智慧，那么他也许能获得一时的成功，但最终的结局将会是失败。

一个有智慧的人，懂得如何说话，如何做人做事，他能把一句原本并不十分中听的话说得让人觉得舒服，能把一件看上去纠结不清的事办得妥妥当当，能把很多像乱麻一样的矛盾解开，让众人心服口服。这些人总能给身边的人带来愉悦、轻松、快乐的好心情，自己也能给人留下良好的印象，因此无论在事业上还是生活上都总能顺风顺水。

而一个缺乏智慧的人，说话、做事总是触犯他人的禁忌，一开口就伤人，或使别人尴尬，下不来台，轻则伤了和气，重则反目成仇。在我们身边，经常可以看到因一句话而引发争吵、口角，甚至大打出手的事情。这些人虽然一生辛苦奋斗，生活却总是一团糟，事业也是处处碰壁。

古语云：“君子有所为，有所不为。”“为”即“智慧”，“不为”

即“禁忌”。也就是说，要做一个行得正、走得远的君子，就必须领悟生存的智慧，而不去涉足那些禁忌之地。

本套丛书以活泼有趣的事例为背景，将“智慧”和“禁忌”这两种方式进行鲜明对比，告诉你什么是该做的，什么是不该做的。

要想获得成功，就必须说那些该说的话，做那些该做的事，而杜绝那些不该说的话，远离那些不该做的事。我们不能再继续犯那些可怕的禁忌了，那样只会让自己离成功越来越远！

然而谁都不是天生的智者，我们该如何让自己变得更加聪明呢？其实，这并不难，我们只要在生活中不断地总结经验，琢磨领悟，就能逐渐掌握各种生活的智慧了。

可是，我们不能仅仅依靠从失败的经验中获得知识，这会让我们错过很多的机会。更为重要的是，很多机会只提供给我们一次，一旦失去，便不会再出现，诸如友谊、爱情、商机，大多如此。

最好的方法是，从他人的经验中获得智慧，这会让自己少犯很多错误。本套丛书共四本，分别从说话、做人、做事、做销售等方面，提供了大量的生活实例，能让你轻而易举地获得他人的经验。

所以，想要让自己离成功越来越近，你就应该静下心来，认真阅读本套丛书。

前　　言

为什么有的人辛辛苦苦，付出了所有可能的努力，结果却并不理想，甚至落得个艰难度日、众叛亲离的境地？而又为什么有的人轻松快乐，好像也没有花多少时间去努力，结果却是事业成功、家庭幸福？

前一种人之所以陷于困境，最重要的原因就是缺乏做事的智慧，总在不经意间触犯做事的禁忌。后一种人之所以能够成功，则是因为懂得如何以正确的方式去做事。

做事是一门很有讲究的学问，既要讲原则又要讲方法。我们在做任何一件事的时候，都必须遵循成功的规律，学会以正确的方法行事，这样才能把事情做好。那么，要想把事情做成功，需要遵循哪些规律呢？

其一是踏实做事。纵观古今那些能够经得起历史沉淀的成功者们，更多的是秉持了一种踏实做事的原则，而非一种投机和敷衍了事的心态。每个人都应该付诸行动，努力把自己想做的事情做成功，而不只是放在脑子里想着。梦想的实现也是一个艰苦卓绝的过程，只有把所有的时间和精力都用上，并矢志不移地追求，全心全意、孜孜不倦地努力，才能够获得成功。

其二是用心做事。用心，即富有一种使命感和强烈的责任心。在你做一件事情失败的时候，你是否问过自己："我用心了吗？"现实生活中，摆在我们眼前的往往都是一些琐碎的小事，所以我们通常不会去努力做到极致，而这样一来，我们也最终收获不到任何机会。"世上无难事，只怕有心人"，用心是一个人做好事情所必需的基本态度。

其三是从小事做起。“天道酬勤”，只有做好身边的每一件小事情，并坚持每天比别人多做一点，才能成就大事业。如果一个人不愿意做小事，那么他必然也做不了大事，“一屋不扫，何以扫天下”？

其四是不怕挫败。从未获胜的人很少会失败，从不登高的人几乎不会摔倒，但是要想体会成功的滋味，就必须勇于攀登高峰，不怕跌倒，不怕失败，也不要为一时的挫败所困扰或找借口。多一些努力，才能多一些成功的机会。

成功不是天上掉馅饼，“芝麻开门”也只是一个神话。如果你能遵循以上几条做事的规律，并能以正确的方式来处理之，那么你将更快、更轻松地把每件事情做好。

合上本书后，相信你一定有所收获。

目　录

第一章　做事灵活变通……1

1. 懂得随机应变，对成功有益无害……2
2. 遇事多反省，别再执迷不悟……6
3. 学会行中道，避免走极端……12
4. 跳出框框学会变通，切莫困于前人经验……17
5. 做事要多动脑筋，少用蛮力……23
6. 善于与人合作，能够战胜一切……29
7. 保持一颗好奇心，为进步更添动力……33

第二章　做事留有余地……39

1. 信任他人，路才能越走越宽……40
2. 该退则退，是一种积极的心态……44
3. 吃得了亏，打得了翻身仗……48
4. 别固执钻牛角尖，转身更方便……54
5. 审时度势，别把自己逼进死胡同……59
6. 宽恕他人，关键时刻有出路……64
7. 经营人脉，为自己的成功铺路……70

第三章　做事坦坦荡荡……77

1. 唯求心安，勿做亏心事……78
2. 学会自律，才能更强大……82
3. 要拿得起，还要放得下……88

4. 别做金钱的奴隶，要做金钱的主人......94
5. 果断地作出决策，不要优柔寡断......99
6. 顺应事态，做到事半功倍......106

第四章 做事脚踏实地......113
1. 诚信，成功的第一法则......114
2. 正视缺陷，接受不完美的自己......118
3. 关注生活中的每一个小细节......122
4. 踏实做事，取巧不投机......128
5. 浅尝辄止注定失败，坚持不懈才有希望......133
6. 善始善终，不要轻易放弃......138
7. 凡事要努力追求卓越......143
8. 把健康放在第一位......148

第五章 做事目光长远......153
1. 目标长远，不被眼前利益诱惑......154
2. 少占便宜，吃亏是福......159
3. 要成就大事，就得未雨绸缪......163
4. 你能看多远，便能走多远......167
5. 利益固然诱人，风险不可不避......172
6. 不仅为改善生活，而要彻底改变命运......177
7. 丢掉你的“账本”，将人品经营好......182

第六章 做事找准方法......189
1. 千万别向自己妥协......190
2. 不要找理由来逃避责任......196
3. 说干就干，不为自己找借口......200
4. 别总抱怨环境，重要的是寻找方法......205

5. 安于现状等于自我套牢……211
6. 借助外力，成功来得更快……218
7. 成功的秘诀是对小事的积累……225
8. 任何理由都不能成为懒惰的借口……232

第七章　做事明白事理……239
1. 孝敬父母是最基本的道理……240
2. 关键时候要会察言观色……243
3. 学会利用钱，而不是一味地消费……249
4. 小成就靠运气，大成功靠积累……253
5. 积蓄力量稳中求胜，不要急于求成……260
6. 给自己的定位，和别人无关……265
7. 重实干，不重虚名……271

第一章　做事灵活变通

1. 懂得随机应变，对成功有益无害
2. 遇事多反省，别执迷不悟
3. 学会行中道，避免走极端
4. 跳出框框学会变通，切莫困于前人经验
5. 做事要多动脑筋，少用蛮力
6. 善于与人合作，能够战胜一切
7. 保持一颗好奇心，为进步更添动力

懂得随机应变，对成功有益无害

随机应变的能力来自于一个人的知识积累、人情世故的练达、超凡脱俗的洞察力，这种能力是经过长期的生活和工作锤炼而形成的。

做事的智慧

大学士刘墉博学多才、能言善辩，是与纪晓岚齐名的才子，乾隆皇帝十分佩服他，但乾隆也是个极自负的皇帝，所以总想出题难倒他。

一日，乾隆问刘墉："刘爱卿，忠孝怎样解释？"

"君要臣死，臣不得不死，为忠；父要子亡，子不得不亡，为孝。"刘墉没有想太多，爽快地应道。

乾隆抓住刘墉的"马脚"，立刻说道："那我以君的身份命你现在去死！"

"臣领旨！"刘墉在心里大呼上当，可又不能拒绝，否则不就等于自己不忠嘛。但他脑子一转计上心来，所以答应了乾隆。

"嗯，你打算怎样去死？"

"为臣打算跳河。"

"好，去吧！

乾隆皇帝知道刘墉肯定不会去跳河，只不过想看看他用什么办法躲过这一劫。刘墉走后，乾隆一边踱步，一边吟起古诗来。

一首诗还未吟完，刘墉就跑了回来。乾隆皇帝问道：“大胆刘墉，你怎么没死？”刘墉不慌不忙地应道：“臣碰到了屈原，他不让我死啊。”

“这话怎么讲？”

“臣刚到了河边，正要往下跳，屈原就从水里向我走来，他拍着我的肩膀说：‘刘墉，你这就不对了！当年楚王是昏君，我不得不死。可如今皇上可算圣明，你应该回去问问皇上是不是昏君，如果皇上说是，你再死也不迟啊！’”

乾隆听了，哈哈大笑，说：“好一个刘墉，真是口吐莲花，行了！行了！朕算是服了你了。”

专家点评

从上面的故事中，可以看出刘墉是一个善于随机应变的人，他的巧妙应对，既奉承了皇上，也保住了自己的性命。随机应变，关键是要会“变”，即通过恰当的应变来达到维护自己利益的目的。

做事的禁忌

秦始皇死时，曾立下遗诏，要太子扶苏继位。当时太子扶苏因为素来与秦始皇政见相左，因此被派到了北方边疆监军。他当时跟大将军蒙恬在一起。蒙氏家族是将相世家，蒙恬及其弟蒙毅在朝中拥有很高的地位。

而秦始皇死时，身边只有权宦赵高及丞相李斯。赵高一心想立自己便于控制的胡亥做皇帝，因此趁外人还不知道秦始皇已死及遗诏内容之时，胁迫丞相李斯一起，改了遗诏，命扶苏自杀，要胡亥继位。

扶苏接到假的诏令后，十分悲愤，但却不敢违抗命令，便要自杀。蒙恬觉得诏书有诈，就劝扶苏弄清真相再死。可扶苏一心愚忠，不顾一切地自杀了，将大好河山交给了昏主奸臣，致使秦朝不久便灭亡了。

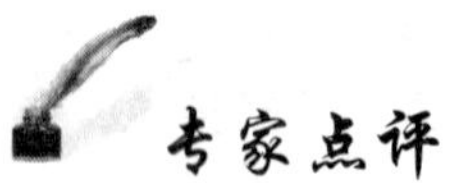

专家点评

扶苏死在了自己的“一根筋”上，实在是不值啊！

举一反三

随机应变是遇到突发事件的一种灵活反应，它能使临事者化被动为主动，化险为夷。当然，要做到随机应变并不是一件容易的事，它要求临事者一方面应具有沉稳的心理，另一方面要具备一定的学识、经验。

社会活动中会经常面临变幻不定的现实问题，因此具备应变能力就显得非常重要了。

一百多年前，有位叫莱维·施特劳斯的犹太人到美国旧金山经商。

他考虑到淘金者天天露宿野外，肯定需要帐篷。于是，除了准备其他商品，他还带了些帆布以供淘金者做帐篷之用。

到旧金山后，莱维还没有来得及下船，除了帆布，其他货物就一售而空了。旧金山给莱维留下的最深刻的印象就是：旧金山人的所有物品都需要从外面进口。

下船后，莱维带着帆布开始了他的“淘金”历程。有一天，他和一位挖金矿的矿工相遇，这名矿工看到莱维的帆布，就抱怨说，他们需要的并不是帐篷，而是挖金矿时经磨耐穿的裤子。

头脑灵活的莱维随即和那位矿工一起到裁缝店，用随身带的帆布给他做了一条裤子。这就是世界上第一条工装裤，也就是如今十分流行的牛仔裤的前身。

那位矿工回到工地，炫耀自己的新裤子，于是消息不胫而走，大量订货单迅即而来。

矿工需要的是耐磨的裤子，而莱维手头只有做帐篷的帆布。如果莱维的头脑不够灵活，他就只会后悔自己带错了商品，而失去这次绝好的机会。

有些事情往往是变幻莫测的，“此一时”的优势也许在“彼一时”就使你栽了跟头。所以，我们强调随机应变，就是要求临事者力争在最短的时间内做出恰当反应，以掌握主动权。

从前有个技艺高超的理发师，给宰相理发。理发师给宰相修面到一半时，一分神不小心把宰相的眉毛给刮掉了。他顿时惊恐万分，如果宰相怪罪下来，那可担当不起呀！情急之中，他灵机一动，连忙停下刮刀，故意两眼直愣愣地看着宰相的肚皮，仿佛要把他的五脏六腑看个透。宰相见他这副模样，感到莫名其妙，于是迷惑不解地问道：“你不修面，却老看我的肚皮，这是为什么呢？”

理发师忙解释说：“人们常说‘宰相肚里能撑船’，我看大人的肚皮并不大，怎么能撑船呢？”

宰相听了理发师的话，哈哈大笑，对他解释说：“那是说宰相的气量最大，小事情能容忍，从不计较。”

理发师听到宰相这么一说，“扑通”一声跪在地上，声泪俱下地说：“小的该死，方才修面时不小心将相爷的眉毛刮掉了！相爷肚里能撑船，请千万恕罪。”

宰相一听啼笑皆非：“眉毛给刮掉了，叫我怎么见人呢？”不禁勃然大怒，正待发作，但又冷静一想，自己刚才讲过宰相气量最大，怎能为这小事治他的罪呢？

于是宰相便只有装出一副豁达温和的样子，不紧不慢地说：“无妨，且去拿笔来，把眉毛画上即可。”

理发师将宰相的眉毛刮掉，其实是闯了大祸，然而危急之时，理发师急中生智，将灾祸化解了。

天地间没有不变的事物，万事万物皆随时而变，随地而变，随社会的发展而变，随人的生理、情感、观念而变。能够随着时势、事态的变化而从容应变，是一个人立身处世、建功立业必须具备的本领。做事时不能认清客观形势的变化，不能跟着客观形势的变化而变通的人，最终将一事无成。

2 遇事多反省，别执迷不悟

人都可能犯错误，有的人能够改正过错而一心向善，有的人则耻于改正过错而因循前非。一心向善，人的德行便会日日更新；因循前非，人的缺点就会越积越多。

做事的智慧

小何瘫痪在床，心里非常痛苦，亲友们去安慰他。小何说："我不害怕我的病治不好，我担心留不住妻子。"

果然没过多久，他的妻子离开了他。亲友们骂他的妻子薄情，小何说："不要责备她，是我不好。"接着，他忏悔道："她做饭忙不过来的时候，我坐在电视机前无动于衷；她生病需要去医院的时候，我以工作忙为借口，让她一人前往；她买了衣服，满心欢喜地问我怎么样，我的眼睛甚至都不瞟上一眼；她需要我陪伴的时候，我为了赢得上司的青睐，在办公室陪他们打扑克直至深夜；她生日到来的时候，如果没有她的提醒，我总是到第二天才猛然想起。我们的婚姻早就因为我的这些行为而瘫痪，只是我原来没有感觉到。现在我不能动了，我却一下子感觉到了。"

不久，这些话传到了小何妻子那儿，她非常感动，说："既然他这么说，我也就回去吧。"

在妻子的精心照料下，小何慢慢康复，他们的婚姻也"康复"了，并且更加稳固。现在，他们已成为一对恩爱夫妻。

专家点评

小何在婚姻中忽略了很多小细节，如果做不到反省，只会让自己错上加错，愈陷愈深，而他正是因为认识到了这一点，才挽救了自己的婚姻。

做事的禁忌

三国时，袁绍有一次决定出兵攻击曹操，谋士田丰认为时机不成熟，劝他不要出兵。但是，袁绍刚愎自用，不听良言，一怒之下把田丰关进牢房。在战争进行中，袁绍又因谋士沮授的建议不合己意，也将他拘押起来。袁绍战败后，沮授不愿投降曹操，在逃跑中被曹军射杀身亡。

当袁绍失败的消息传到后方时，狱吏告诉田丰，说："主公由于不听先生之劝，结果打了败仗，证明先生的意见是正确的，这下您可以出狱了。"

田丰听了这个消息后却说："我的死期到了。"

狱吏不明究竟，田丰向他解释道："主公如果打了胜仗，还可能借机赦免我；如果打了败仗，他会觉得无脸见我，羞愧之下，肯定会拿我出气。"

果然不出田丰所料，袁绍一回到驻地邺城，在别人的挑拨下，就气急败坏地下令把田丰杀了。田丰死后，闻者皆为之叹息。

专家点评

失败后不是勇于检讨失误、承担责任、总结经验教训，而是杀害有谋之士，如此这般的执迷不悟，是注定要失败的。

举一反三

金无足赤，人无完人。人活在世上，谁都难免有这样或那样的缺点和错误，谁都难免有不足的一面。罗曼·罗兰说：“在你要战胜外来的敌人之前，先得战胜你自己内在的敌人；你不必害怕沉沦与堕落，只要你能不断地自拔与更新。”成功人士就是通过彻底反省来打扫自己灵魂深处的污垢尘埃，净化自己的精神世界的。

反省是一种心理活动的反刍与回馈。它把当局者变成一个旁观者，把自己变成一个审视的对象，站在他人的立场上，从他人的角度来观察自己、评判自己。

卢梭在少年时曾经将自己极不光彩的盗窃行为转嫁在一个女仆的身上，致使这位无辜的少女蒙冤受屈。长大后，事业有成的卢梭为这件事陷入痛苦的回忆中，他说：“在我苦恼得睡不着的时候，便看到这个可怜的姑娘前来谴责我的罪行，好像这个罪行是昨天才犯的。”

卢梭在他的名著《忏悔录》中对自己作了严肃而深刻的批判。他把这件丑事公诸世人，显示了他彻底反省的坦荡胸怀和不同凡响的伟大人格。

每个人都不可能永远不犯错误，因此，及时地自省和自我批评往往是纠正自身错误、实现快速转型的关键所在。面对激烈的竞争及瞬息万变的市场环境，那些不愿意反省或者不愿意及时改正错误的公司必将面临衰败和灭亡的结局。同样，在快节奏的信息社会中，一个人如果不能及时察觉自身缺点，不能用最快的速度纠正自己的发展方向，也必然会“落伍”。

张勇是一个成功的商人，他每天要接见很多宾客或者出去办很多事情。晚上，他总是一个人坐在漆黑的书房问自己：“今天使我励精图治的人是谁？今天使我增加智慧的人是谁？今天使我浪费光阴的人是谁？今天使我贪图享受的人是谁？今天替我闯祸惹麻烦的人是谁？”

张勇不但自己反省，也教别人反省。他的意思是做人要像做生意那样，每天把账目弄得清清楚楚。如果赚了，继续努力；如果亏了，赶快改弦更张，免得一败涂地。

一个人是否具有反省能力对其为人很重要。如果我们经常在反省中扪心自问是怎样的一个人，哪些东西对自己最为重要，自己能否把每一件事做得更好，这样的心路历程将会成为我们在成长过程中审视自己的价值观、质疑自己的思路和锻炼自己的判断力的最好方法。经过了这种方法的考验，我们会变得更强大、更自信，人生目标也会更加明确。

唐代著名诗人白居易在《观刈麦》一诗中是这样描写农民在麦收时的辛苦劳作的：“足蒸暑土气，背灼炎天光；力尽不知热，但惜夏日长。”接下来写道：“复有贫妇人，抱子在其旁，右手秉遗穗，左臂悬敝筐。”一个抱着孩子的贫困妇女，因为租税繁重，把家里的田地都卖光了，只得捡拾散落在田里的麦穗“充饥肠”。

面对农民们的艰辛困苦，白居易心中很不平静：“今我何功德，曾不事农桑。吏禄三百石，岁晏(年底)有余粮。念此私自愧，尽日不能忘。”想到自己俸禄虽多，却既无稼穑之劳，又没有为国为民做更多的事情，感到十分惭愧。因此，他居官期间，清廉简朴，勤勤恳恳，爱民为民，替百姓办了许多好事。

懂得自省的人更容易得到他人的信任，更容易赢得真正的朋友；反之则不容易得到他人的信任，也无法让自己真正融入到团队之中。

员工小张在给厂长提意见的会上说，他曾看见厂长在禁止吸烟的仓库门口吸烟。与会的人说：“厂长不会吸烟，你看错人了。”

出人意料的是，厂长从座位站起来说：“小张看错了人，说明我平时联系群众不够，所以有的工人对我不熟悉。今后我要多下车间，多接触工人，以便听取意见，了解情况。”

这位厂长从失实的批评中自省到自己联系群众不够，并由此找到了改进工作的一个途径。而工人们看到厂长如此虚心，严于律己，也就更加尊重和信任他了。

如果你在失败面前迷失了方向，如果你不知道如何获得继续前行的动力，建议你花一些时间，培养自省的态度和勇气，在反思中重新认识自己，在反思中寻求进步的动力。

反省可以改变一个人的命运和机缘。它在任何人身上，都会发生大效用。因为反省所带来的不只是智慧，更是夜以继日的精进态度和前所未有的干劲。

以下是关于反省的经验之谈，值得我们每个人好好学习：

(1) 一个真正英勇果敢的人，绝不会用拳头制止别人发言。

(2) 脾气暴躁、易愤怒，这种恶习会导致一时冲动而没有理性的言行。

(3) 不伤害人，把他人所应得的给予他人；避免虚伪与欺骗，显出诚恳悦人的态度，品行正直。

(4) 讲话气势汹汹，未必就是言之有理。

(5) 尽量避免用言语去伤害别人，但是，当别人以言语来伤害自己的时候，也应该受得起。

(6) 脾气暴躁是较为卑劣的天性之一，人要是发脾气，就等于在进步的阶梯上倒退了一步。

(7) 即使独处之时，也不要随便说坏话或做坏事，相反，要显出热诚有礼的样子。

3 学会行中道，避免走极端

任何事都不能做得太过，如果做事太过，就容易走极端。一个易冲动、爱走极端的人，不仅不会获得成功，而且会把已经取得的成功葬送掉。所以，永远不要走极端，要行中道。

做事的智慧

300多年前，英国温泽市将政府大厅的设计工作交给了建筑设计师莱伊恩。莱伊恩依据自己多年的实践，巧妙地设计出了只用一根柱子支撑大厅天花板的方案。

一年以后，市政府官员进行工程验收时，要求莱伊恩再多加几根柱子。他们的理由是一根柱子难以承受那么大的重量。

莱伊恩自信只要一根坚固的柱子就足以保证大厅安全。他的自信惹恼了市政官员，险些被送上法庭。莱伊恩十分苦恼，如果坚持自己原先的主张，市政官员肯定会另找人修改设计；如果不坚持，又有悖于自己做人的准则。矛盾了很长一段时间后，莱伊恩终于想出一条折中的方法。他在大厅里增加了四根柱子，不过这些柱子并未与天花板接触，只不过用来装装样子。

300多年间，莱伊恩的这个秘密始终没有被人发现。直到上世纪90年代末，温泽市政府准备修缮大厅的天花板时才发现了莱伊恩当年的“弄虚作假”。消息传出后，世界各国的建筑专家和游客云集，当地政府对此也不加掩饰，并在20世纪末，特意将大厅作为一个旅游景点对外开放，旨在引导人们崇尚和相信科学。

专家点评

生活告诫我们：处处摩擦、事事计较者，哪怕壮志凌云，抑或聪明绝顶，也往往落得壮志未酬泪满襟的后果。为了绚丽的人生，我们往往需要做出许多痛苦的妥协。

做事的禁忌

有个自称专治驼背的医生，其招牌上写着：无论你的背驼得像弓、像虾，还是像饭锅，我都能医治好。

有个驼背信以为真，就请他医治。这个医生拿了两块木板，不给驼背开药方，也不给他吃药，而是把一块木板放在地上，叫驼背趴在上面，将另一块木板压在驼背的身上，然后用绳索绑紧，接着，自己跳上板去，拼命地乱踩一番。驼背连声呼叫求救他也不理会。结果，驼背算是给弄直了，但人也死了。

驼背的儿子找这个医生评理，他反而说："我只管把他的驼背弄直，哪管他的死活！"

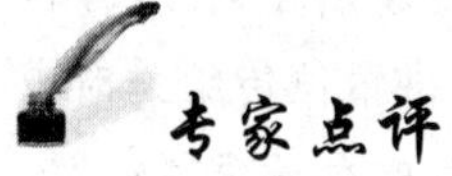

专家点评

庸医害人，好端端的一个活人，就这么活生生地被踩死了。故事很荒诞，却也在警示我们，做事千万不能走极端，否则会害人害己。

举一反三

“中庸”是儒家思想的精华，中庸更是做人的智慧。遗憾的是，现在有不少人将中庸视为贬义词，说它是“温吞水”“和稀泥”，并攻击它腐朽没落。这是对中庸的误解、曲解。古希腊哲学家亚里士多德和中国的孔子都发现了道德的两种错误倾向，一是偏激，一是退缩，而又同时认为在上述两种错误倾向之外，唯一正确的行为是中庸。

中庸，说得通俗一点，就是中道，就是不偏不倚。用《中庸》这本书里的话来说，中庸就是要在复杂、多变的环境中，审慎而冷静地选择最好的解决方案；中庸就是要在诸多对立统一的因素中，敏锐而智慧地寻找最佳的均衡状态。

天下没有十全十美的事，生活充满了各种各样的矛盾。那么，在这些生活矛盾面前有没有一种调和矛盾的准则呢？答案是“有”，它就是“中庸”。做人中庸，做事也中庸，这是我们处世的艺术。在既不想去征服对方又不能被对方征服的情况下，调和主客体之间的矛盾，除了用持中的艺术外，别无选择。

中，是至善的表现；庸，是道体的功用。将中庸用于宇宙本体，它就是天地的中正，和天地互相平衡；将中庸用于人生功用，它就是内心的中正，和内心互相平衡。所以尧将帝位传给舜时告诫舜一定要把握住“中”。所以舜将帝位传给禹时告诫禹说：“人心惟危，道心惟微，惟精惟一，允执厥中。”

所谓人心，就是因了我们的肉体凡身而生的种种欲念。所谓道心，并不是说人有两个心，而是说一人之心具有两个方面或者双重性状。在同一情景下，人的行为可以由人心来支配，也可以由道心来支配。人心惟危，是说人心很危险，往往会滋生过度的欲望。道心惟微，是说道心很微隐，良心常常含而不露。康熙年间的大学士张英在《聪训斋语》中说："圣贤领要之语曰：人心惟危，道心惟微。危者，嗜欲之心，如堤之束水，其溃甚易，一溃则不可复收也。微者，理义之心，如帷之映灯，若隐若现，见之难而晦之易也。"所以，一个人要做好人很难，要做坏人却极易。只有发现道心，弘扬天理，人的行为才能不偏不倚，才能成为真正意义上的人，这就是"惟精惟一，允执厥中"的意思。

老子在《道德经》中说：天地是无所谓仁慈的，它没有仁爱，对待万事万物就像对待刍狗(古代祭祀时用草扎成的狗，用后丢掉)一样，任凭万物自生自灭。圣人也没有仁爱，也同样像对待刍狗那样对待百姓，任凭他们自生自灭。天地之间，不像个大风箱一样吗？它空虚而不枯竭，越鼓动风就越多，生生不息。政令繁多反而使人困惑，不如抱守虚静采取适中的态度。

孔子说：君子的言行符合中庸的道德标准，小人的言行违背了中庸的道德标准。君子之所以能够达到中庸的标准，是因为君子的言行时时处处符合中庸之道；小人之所以违背中庸的标准，是因为小人的所作所为肆无忌惮。孔子又说：中庸可以说是最高的标准了，可人们却很少能长久地实行它。

孔子是一个中庸大师，他不如颜回仁德，但可以教他通权达变；他不及子贡有辩才，但可以教他收敛锋芒；他不如子路勇敢，但可以教他畏惧；他不及子张矜庄，但可以教他随和。孔子具备了他们各人的长处，又避免了他们的短处。他之胜于人，就在中庸之道。

荀子也深知中庸之道，他说，对血气方刚的人，就使他平心静气；对勇敢凶悍的人，就使他循规蹈矩；对心胸狭隘的人，就扩大他的胸襟；对思想卑下的人，就激发他高昂的意志。他左之，则右之，他上之，则下之。总之，一切以中庸为尺度。这样，你就能不急不躁，不偏不倚，不左不右，不上不下；进退自如，出入自然，坦坦荡荡，大大方方，潇洒自如，游刃有余。这样，你的人生就达到了化境，不论在何时、何地，你都拥有一个和谐的人生。

人生就像大海，处处有风浪，时时有阻力。船头之所以造成尖形或圆形，就是为了乘风破浪，更快地驶向彼岸。我们与其和所有的阻力正面较量，拼个你死我活，不如积极地排除万难，去夺取最后的胜利。

在复杂多变的旧中国，许多正直而又明智的知识分子，为了维护人格的独立，他们不是锋芒毕露、义无反顾，而是有张有弛、掌握分寸，逐渐形成了“外圆内方”的性格。蔡尚思1935年写作《中国社会科学革命史》时，欧阳予倩就告诫这位青年文学家：“秉笔的态度自然要严正，不过万不宜有火气。可否寓批评于叙述中呢？”他建议书名宜改为《中国社会思想史》。最后，欧阳前辈感叹地说：“蔡先生，我佩服你的努力，可思想界的悲哀，谁也逃不掉啊。”这些知识分子在当时就是这样在事关大是大非、人格问题的原则立场上毫不含糊，旗帜鲜明，在方式方法和局部问题上委婉圆融、有所妥协。

如果你还必须依靠节制来实行中庸之道，那说明你还没有真正进入中庸之道。只有当你毫无怨尤、毫无痛苦、毫无感觉地迎接人生时，你才真正地进入了中庸之道。

君子之所以能做到适中，就是他能顺应时代的变化，走在中庸之道上，子华说："圣人看重中庸，君子把守中庸。"东方朔说，智者为人处世没有不推崇中庸的。为人处世恪守中庸，就合乎人情，合乎大道，没有过失。当然，恪守中庸这件事说说容易，做起来就难了。宋代朱熹说，自从孔子去世后，世道衰微，人心衰微，他对宋代萎靡的社会风气感慨万千，中庸之道已经失去了，人们不行中庸之道已经很久了。朱熹又借子思的话说，天下国家是可以治理公正的，官爵俸禄是可以推辞不受的，雪白的锋刃也是可以踩踏闯过的，但中庸之道是很难做到的。

为人处世符合中庸的原则，就能秉承天下大公、居处天下大善、征服天下大众、成就天下大事，就能急流勇退，成方成圆。

4 跳出框框学会变通，切莫困于前人经验

一个人需要变通来获得成功，一个企业需要变通来获得效益，一个民族需要变通来获得发展。变通就在你不经意的一瞬间，就是一指间的距离，变通会让你看到柳暗花明。

做事的智慧

克劳斯是做生意的天才，他说："我从小就讨厌从事一个普通的职业，因此一直没有工作。而我说过，其实我能做任何工作甚至做冰激凌。”

于是，这位宾夕法尼亚大学的学生入学后在宿舍里做起了冰激凌。不久，同校的两个伙伴科恩和希尔顿也加入了。后来，克劳斯卖掉持有的大部分债券作为投资，并拿出他高中时挨家挨户上门推销净水器时挣的 6 万美元，和他们合伙开了公司。经过市场调查，克劳斯发现，冰激凌的口味已经 20 年没有变化了，他敏锐地觉察到，这将为他们的创业提供一个很好的空间。他采纳了啤酒商萨缪尔·亚当斯的建议，使用啤酒酿造技术制作口味奇特的冰激凌，他还与当地的乳酪厂联系，由他们提供特制的奶酪。

由于口味的创新，这家小型的冰激凌公司很快得到风险投资商的青睐，结果新产品一上市就供不应求，而且成为一种饮食时尚，风行于世界各地。

克劳斯于 1997 年创办的美国杰里米冰激凌公司取得了巨大成功，专门生产口味独特的“超级冰激凌”，1999 年销售额达到 500 万美元。

专家点评

变通需要有对原有规则的怀疑，需要有勇于探索的精神。克劳斯事业成功的最大秘诀就是勇于变通，不断创新。

我们要想获得大的成功，就应该是一个行业中的创新者，而不是一成不变的制造者。

做事的禁忌

传说在浩瀚无际的沙漠深处，有一座埋藏着许多宝藏的古城。要想获取宝藏，除了必须穿越整个沙漠，还必须战胜沿途那些数不清的机关和陷阱。沙漠里一没有饮水，二没有客栈，要穿越它简直比登天还难，更别说去逾越障碍了。许多人都对沙漠古城里埋藏着的这一大批价值连城的财宝心驰神往，但却又没有足够的勇气和胆量去征服沙漠。这批财宝就这样在沙漠古城里埋藏了一年又一年。

终于有一年，一个勇敢的人从爷爷那儿听到了这个神奇的传说以后，便决计去探寻这批财宝。他准备了充足的干粮和饮水，便独自踏上了艰辛而漫长的寻宝之路。

为了在返回的时候不迷失方向，这个勇敢的寻宝者每走过一段路，便要做一个明显的标记。虽然每前进一步都充满艰险，但他最终还是找出了一条路。就在古城已经隐隐在望的时候，这个勇敢的人却因为过于兴奋而一脚踏进了满是毒蛇的陷阱……

许多年后又来了一个勇敢的寻宝人。他看到前人留下的标记，心想，这一定是有人走过的，既然标记在延伸，说明指路人安全地走下去了，这条路一定没错。他沿着标记走了很长一段路，欣然发现路上果然没有任何危险。他放心大胆地往前走，越走越高兴，一不留神，也掉进了同一个陷阱，成了毒蛇的美餐。

专家点评

在漫长的人生旅途中，每一个人都不可能不面对变化，而对于变化，应该正确地处理。学会变通，不仅是做人之诀窍，也是做事之诀窍。

举一反三

变通，就是依据不同情况，做出非原则性的变动，以便通向成功。

哲学家说："你改变不了过去，但你可以改变现在；你想要改变环境，就必须改变自己。"文学家说："明智的人使自己适应世界，而不明智的人坚持要世界适应自己。"我们每天面对层出不穷的矛盾和变化，是以不变应万变，还是采取灵活机动的变通方式应万变，这是我们需要确立的一种做人做事的态度。

有这样一个故事：

小虎鲨一出生就在大海里，习惯了大海中的生存之道。肚子饿了，小虎鲨就努力找海中的其他鱼类吃，虽然要费些力气，却也不觉得困难。

很不幸，小虎鲨在一次追逐猎物时落入了渔网，被渔民捕获。离开大海的小虎鲨还算幸运，没有立即成为人类的盘中餐，而是被一家研究虎鲨的单位买了去，关在了人工鱼池里。关起来的小虎鲨虽然不自由，却不愁吃喝，研究人员会定时把大大小小的鱼作为食物送到池中。

这一天，研究人员将一大片钢化玻璃放到池中，把水池隔成两半，小虎鲨一点儿也没在意。研究人员接着把活鱼放到了玻璃的另一边，小虎鲨看到活鱼之后就冲了过去，结果撞到玻璃上，痛得头晕眼花。

小虎鲨看着眼前仍在自由自在游来游去的鱼有些生气了，等了几分钟，它看准一条鱼后又冲了过去。不料，因为这次用力过猛，小虎鲨痛得在水里打了几个滚，差点儿昏过去，但仍然没有吃到那看起来就在嘴边的食物。

休息了大约十分钟，小虎鲨饿坏了，这次它瞅来瞅去，盯上了一条更大的鱼，再次猛力冲过去。这次更惨了，小虎鲨撞得嘴角流血。小虎鲨有些蒙了，它想不通这么多年以来它一直赖以为生的本领怎么会失灵了。

小虎鲨迟疑了一会，终于还是不死心，它拼了最后一口气，又冲了过去。结果可想而知，它仍然被玻璃撞了回来，撞得全身翻转，但就是吃不到眼前的鱼。最后，小虎鲨放弃了。

第二天，研究人员又来了，这次他们把玻璃拿走了。然后，又放进了一些小鱼，在池中游来游去。小虎鲨看着明明就在嘴边的食物，却不敢去吃，虽然饿得眼冒金星，却始终在原地打转。

生活中，也有很多像小虎鲨一样的人，完全相信了在一次次碰壁中积累起来的经验，虽能保护自己不再重新在相同的事情上受到新的伤害，但也因此给自己套上了一具难以突破的沉重枷锁。

人们常说："水随器而圆，人随水则变通！"如果一个人能像水一样，随着客观情况的变化而变化，该聪明时聪明，该糊涂时糊涂，该行动时行动，该停止时停止，那么，再难的问题也会迎刃而解。

要提高变通的能力，最重要的是学会审时度势。所谓审时度势，就是要观察并分析当时的形势，以做出某种反应。那么，如何才能做到审时度势呢?

第一，要有一个良好的心态。这种心态可以概括为两个字，即“静”与“空”。静就是冷静和宁静，达到一种平心静气、心平气和的状态；空就是由无私而无欲，达到内心的空明、纯净。宋代大文学家苏东坡对静与空有两句名诗:“静故了群动，空故纳万境。”意思是说，一个人只有内心宁静之后，才能发现客观世界的运动变化；一个人只有内心空明之后，才能接纳外界的景色。现实生活中，我们会发现一些人之所以不能审时度势，并不是由于其智商不高，而恰恰就在于他们内心不能达到“空”与“静”的状态。如果一个人心浮气躁，他就看不清事物的本来面目，就会主观行事，一错再错；如果一个人心平气和，他就能认清事物的本来面目，就能够万事得理，事事顺利。

第二，要学会换位思考。有位作家说:“肯替别人想，是第一等学问。”“上半夜想自己的立场，下半夜想别人的立场。”我国香港著名企业家李嘉诚是一位十分擅长换位思考的人，他有一句名言:“与人合作，你能分到十分，你最好只拿八分或七分，这样你就会有下一次合作。”

第三，要打破常规。世界著名科学家贝尔纳说:“构成我们学习最大障碍的是已知的东西，而不是未知的东西。”莎士比亚说:“别让你的思想变成你的囚徒。”爱默生说:“宇宙万物中，没有一样东西像思想那样顽固。”对于一个喜欢打破常规的人来说，一切都是可能的。

5 做事要多动脑筋，少用蛮力

人的大脑是有无限潜力的，它所能够达到的总是高于我们的预想。因此，用蛮力去做一件事情，不如试着开动你的脑筋吧！

做事的智慧

汉斯是个德国农民，他因爱动脑筋，因此常能以比别人少的付出而获得更大的收益。

土豆收获季节是德国农民最繁忙的工作时期。他们不仅要把土豆从地里收回来，而且还要把它运送到附近的城里卖出去。为了卖个好价钱，大家都要先把土豆按个头分成大、中、小三类。这样做，劳动量非常大，大家都只有起早贪黑地干，才能快点把土豆运到城里赶早上市。

汉斯一家与众不同，他们根本不做分捡土豆的工作，而是直接把土豆装进麻袋里运走。由于汉斯的“偷懒”，他家的土豆总是最早上市，因此每次他赚的钱自然也就比别家的多。

一个邻居发现了汉斯一家赚的钱比自己的多，但是不知道他们是怎么做到的。于是就悄悄地跟踪，终于发现了其中的奥秘。

原来，汉斯每次向城里送土豆时，没有开车走一般人都经过的平坦公路，而是载着装土豆的麻袋跑一条颠簸不平的山路。两英里路程下来，因车子的不断颠簸，小的土豆就落到麻袋的最底部，而大的自然留在了上面，卖时大小自然就能够分开了。由于节省了时间，汉斯的土豆上市最早，自然价钱就能卖得更理想了。

专家点评

汉斯这种巧妙利用自然条件的方法，看起来并不惊天动地，却真正开启了智慧之门。懂得思考的人，当困难来临时他们会想办法去解决，也一定会找到最有效的解决办法。

做事的禁忌

有一位美国青年喜欢搞研究，满脑子都是稀奇古怪的想法，他渴望有一天成为举世瞩目的发明家，全世界的人都享用他的发明创造。

所以，当他看到水变汽油的广告后，马上买来了资料，把自己关在屋子里，不接待客人，掐断电话线，关掉手机，总之一切与外界的联系都被他切断了。他需要绝对的安静，需要绝对的专心，直到这项伟大的发明成功。

青年夜以继日地研究，甚至到了废寝忘食的程度。每次吃饭的时候，都是母亲从门缝里把饭塞进来，他不准母亲进来打扰他。他常常是两顿饭合成一顿吃，很多时候都把黑夜当做黎明。善良的母亲看见自己的儿子越来越瘦，终于忍不住了，趁儿子上厕所的时候，溜进他的卧室，看了他的研究资料。母亲原以为儿子的研究很伟大，没想到却是研究水如何变成汽油，而这简直是不可能的事情。

母亲不想眼睁睁地看着儿子陷入荒唐的泥淖无法自拔，于是劝儿子说："你要做的事情根本不符合自然规律，别再瞎忙了。"可这位青年根本就不听，他头一昂，回答说："只要坚持下去，我相信总会成功的。"

五年过去了，十年过去了，二十年过去了……转眼间，那位青年已白发苍苍，父母也已经过世。他没有工作，只能靠政府的救济勉强度日。可是他的内心却非常充实，屡败屡战，屡战屡败。

一天，多年不见的好友来看他，无意间看到了他的研究计划，惊愕地说："原来是你！几十年前，我因为无聊贴了一份水变汽油的假广告。后来有一个人向我邮购所谓的资料，原来那个人就是你！"

这个人听完这一番话，立刻疯了，最后住进了精神病院。

专家点评

因为有太多坚持到底的故事，所以我们一直以为坚持就是好的，而放弃就是消极的思想。其实坚持代表一种顽强的毅力，它就像不断给汽车提供前进动力的发动机。但是，在前进的同时还需要一定的技巧，而如果方向不对，则只会离成功越来越远。这时，只有好好思考一番，找准方向后再重新努力才是明智之举。

举一反三

看到别人的名车豪宅，再对比自己的落魄，一些人难免会绝望地想：为什么我那么努力，却没有得到应有的回报，依然为生活发愁？难道"爱拼才会赢"是骗人的鬼话？

“爱拼才会赢”当然没错，但是如果觉得爱拼一定赢就错了。不拼搏一定不会成功，但是拼搏了不一定就会成功，而盲目地拼搏甚至会带来更大的失败。

很多人在一开始的时候总是凭着一腔热血，不思考，盲目地付出。遇到困难后，不是退缩就是硬碰硬，而不去思考该怎样解决问题。这些人总是为一件事情而终日地忙忙碌碌，却并不见忙碌的结果，在为别人工作时是这样，在为自己的事业打拼的时候同样如此。所以当你为自己的付出而没有获得回报喊冤的时候，应该认真审视一下自己是否在用蛮力做事而不是脑袋。

一个现代人如果碰上“愚公移山”的问题，一定不会动员全家老小用大锤和榔头夜以继日地敲敲打打几十年，而是会买来炸药，请上专业的爆破人员，几天内把山炸平。一个人要想快速获得成功，除了动手外还需要动脑。

2008 年，美特斯·邦威成功上市，周成建从负债 20 万元的“负翁”变成了坐拥 20 亿元的“富翁”，从一个不为人知的“练摊”个体户变成了拥有著名品牌美特斯·邦威的“衣王”、“世界裁缝”。

从什么脏活累活都干、负债 20 万元来到温州谋生的 20 岁小伙子，到有了自己的小服装店、每天工作 16 个小时的小店主，再到一年收入几百万元的百万富翁，凭借的不仅仅是他的吃苦耐劳、细心观察以及当时的社会机遇，更多的则是他的智慧。

他打算创立自己的品牌时，遇到了大多数创业者都头痛的资金问题。通过积极的思考，他创立了中国第一个“虚拟经营”模式，创造了最受年轻人追捧的中国休闲服装品牌。这些创造让他成为了中国服装界最具开拓精神和最有经济头脑的人物之一。

他的“虚拟经营”模式最初备受争议，人们认为他在做一个“皮包公司”，然而他用成功证明了这种模式的正确性。

周成建在考察市场后发现国内的企业大多都在生产西装，在休闲服饰方面根本就没有品牌的概念，而且品质和样式都不好，大家只是在比谁的价格低。而国外的休闲服装品牌刚刚进入中国市场，并且没有本土化，价格和款式都与中国的国情不符。于是他决定创立一个自己的品牌。但是几百万元的资金根本不够运作一个品牌，他初步算了一下，至少需要3亿元的资金保证。

怎么办？他不想放弃。在学习国外企业的成功经验时，他发现有的企业使用了“借力打力”的运营模式。所谓借力打力，就是集中社会上的资源为自己公司的运作出钱出力，然后实现大家共赢。

他开始在中国市场上寻求这样的机会。终于，他发现在广州、江苏等地有很多拥有一流生产线的企业，因为没有订单而陷入半停产状态。于是他就与这些企业协商，让他们生产标有美特斯·邦威商标的服装。如今已经有250多家企业为美特斯·邦威代加工成衣，年产能力达到2000万套以上。他用这种方法解决了需要投资几亿元才能建立的生产线，而在销售上他又通过加盟的方式，在全国各地建立了1500多家专卖店。

品牌创建后，怎样推广品牌成了周成建面临的新问题。在还没有创立品牌的时候，周成建就显示出了非凡的推广智慧。他在经营小作坊的时候以800元钱在当地媒体上打了个小广告，称“我给出成本价，你随便加点钱衣服就拿走”，此举当时在温州引起了很大的轰动。美特斯·邦威创立后，推广变得更加迫切，他选择了当时国内并不多见的明星代言方式，而且还不惜重金请来了郭富城，令美特斯·邦威迅速在人们心目中建立了“一线”品牌的形象，之后周杰伦的代言则是为了树立美特斯·邦威的个性。周成建在品牌推广上的创新，让美特斯·邦威成为了年轻人追捧的对象，让美特斯·邦威成为了“不走寻常路”的个性宣言的代表。

和温州妙果寺服装专业市场的其他商家不同，周成建没有通过苦苦的价格战获得财富，而是调动智慧的力量，选择了品牌创立之路。在遇到资金问题时，他也没有不顾自身的能力，负债投资，而是仔细观察市场，认真思考，最终找到了“四两拨千斤”的省力之法。

在通往成功的道路上，总会遇到这样或那样的困难。在面对这些困难的时候，勇气和勤奋是必要的，但如果只是一味地付出和拼搏，凭借一股蛮力做事，得到的结果往往不是事倍功半就是功亏一篑。

周成建能在激烈的市场竞争中脱颖而出，就在于他的冷静思考和智慧，善于用脑袋去发现市场的空白，善于运用和调动外在的资源和力量。

人类之所以能够成为地球上最强大的生物，不是因为人的力气比大象、老虎的大，而是因为人类比它们聪明，比它们更懂得运用智慧的力量。

因此，在做任何事情的时候，我们都应该多动脑筋，充分发挥自己的聪明才智，这样才可能获得成功。以下几点建议供参考:

(1) 为每一个问题找到最佳的解决方案，相信任何一个问题都有一个最佳的解决办法。

(2) 遇事不要慌张、急躁，也不要急于出手，而是要冷静思考，注意观察分析。

(3) 当不知道怎么办的时候，就暂停脚步。

(4) 平时要注意积累，任何智慧都不是一天成就的，而是在经历漫长的观察、分析、思考后萌发的。

善于与人合作，能够战胜一切

现代社会的竞争已经成为各个领域中无处不在的现象，团结互助因此显得尤为重要。事实上，纵观古今中外，凡是在事业上成功的人士，都是善于合作的人。

做事的智慧

从前，有两个在沙漠中行走的饥饿的人得到了一位长者的恩赐：一根鱼竿和一篓鲜活硕大的鱼。两个人选择了合作，商定共同去寻找大海。他们带着鱼和鱼竿踏上了旅程。途中，他们每次只煮一条鱼，经过艰难的跋涉，终于来到了大海边。

从此，两人开始了捕鱼为生的日子。几年后，他们盖起了自己的房子，有了各自的家庭和子女，有了自己的渔船，过上了安定幸福的生活。

专家点评

这两个人通过合作，发挥了鱼竿和一篓鱼的双重功效，最后过上了幸福的生活。这个故事告诉我们合作很重要。在现代社会，人与人之间的联系更加紧密，完全孤立的人是无法生存的。

做事的禁忌

从前，有两个在沙漠中行走的饥饿的人得到了一位长者的恩赐：一根鱼竿和一篓鲜活硕大的鱼。

与上则故事中的两个人不同的是，这两个人没有选择合作，而是对长者的恩赐进行了分配。其中，一个人要了一篓鱼，另一个人要了一根鱼竿。然后，两人就分道扬镳、各奔东西了。

得到鱼的人在原地用干柴搭起篝火煮了一条大鱼，并狼吞虎咽地吃了个精光，甚至没有品出鲜鱼的肉香。没过几天，他就把鱼全部吃光了。不久，他便饿死在了鱼篓旁。

另一个得到鱼竿的人，提着他的鱼竿朝海边走去，忍饥挨饿地走了几天，当他已经能看到远方蔚蓝的大海时，他却走不动了，即使用尽了浑身的力气。最后他也倒在他的鱼竿旁，带着无尽的遗憾离开了人间。

专家点评

同样是面对着鱼竿和满篓的鱼，这两个不懂得合作的人只顾各自利益，得到的是暂时的满足和长久的悔恨。

什么是合作？合作就是人与人之间互相配合，共同完成一件事情。合作既是一种精神和态度，也是一种能力和修养。

古人早就认识到了合作的重要作用。古代思想家荀子曾说：每一个凡人，其实都可以成为伟大的禹。凡人成为伟大的禹的条件是什么呢？这就是团结协作。

汉高祖刘邦在平定天下以后，设宴款待群臣。席间，他对群臣说："夫运筹策帷帐之中，决胜千里之外，吾不如子房；镇国家，抚百姓，给馈饷，不绝粮道，吾不如萧何；连百万之军，战必胜，攻必取，吾不如韩信。三人皆人杰，吾能用之，此吾所以取天下者也。项羽有一范增而不能用，此其所以为我擒也。"

在竞争中，如果不懂得与人合作的重要性，就会失去许多机会。

詹德和、罗泰安是某橡胶公司的两位职员，厂长要在他们两人中选出一个人提升为生产科长。谁更合适呢？詹的工作能力可以说是无懈可击，他喜欢竞争，总想击败对方，在专业技术方面比对手罗要强。罗的工作显然没有詹出色，但他知道如何与其他部门配合，并且与每一个人都合作得很好。罗力求在各方面配合公司的目标，常找时间去各部门察看，了解其他部门的职责和工作内容，借以增加自己的知识。最后，厂长选择罗当了生产科长。厂长说："詹是我们工厂最好的领班，但他的事业眼光太狭窄，把自己局限在专业中，限制了晋升的机会。如果只把自己局限在专业里，至多成为一个熟练的技术人才而已。"

如果我们认真研究历史上那些成大事的人，会发现他们的成功有一条规律，即必定借助了他人的力量。他们借助的也许是现有的成果，也许是众人共同的思考成果，总之，少不了别人的帮助。

王家卫因电影《花样年华》让世人再次感受到他那非凡的才华，可是他本人在自传中再三肯定的却是他的摄影师、服装设计师和色彩调配师，称他们为三员大将。有他们的帮助，才有了变幻颇多的多角度镜头，才有了那么多漂亮的旗袍。他素以拍没有定型的剧本著称，靠的都是一时的灵感和表现的感觉，需要演员的配合和理解。这部影片的成功，离不开其中的任何一个因素，离不开所有人之间默契而紧密的合作。

众人拾柴火焰高，单枪匹马的时代已经离我们远去，只有精诚团结、通力合作，才能共同进步、不断发展。戴尔·卡耐基说“我们生活在一个十分现代的世界里，各技术部门的分工使我们个人的能力相形见绌，要取得成功，除了合作，别无他法。”

现代社会分工越来越细，从工业上讲就是行业和部门越来越多，一件产品的最后成型必须依靠很多厂家对各个零部件的生产，还需要特定的组装，需要特别的经销商，它凝结着无数人合作的智慧和汗水，可以说，整个社会的大趋势就是合作，只有合作才能在竞争中取得胜利。

过去我们提倡“心往一处想，劲往一处使”，认为只要这样就能够干成大事。事实上，光靠这一点是不够的，现在的合作已经有了更高的要求。要想合作得好，尽快出成果、见成效，这个合作的团体还必须协调一致。所以，只是把人员组织起来是不够的，还应使组织中的每个成员充分发挥自己的作用，提供其他成员不具备的特殊才能。这就如一个集团，如果有一个好的领导者，他就懂得把每个人的机智、耐心、毅力、自信、知识都集结在一起，让他们相互结合、相互补充，发挥出更大的力量来。

有人曾经问世界著名的指挥家卡拉扬："您是如何指挥世界著名的交响乐团的？"卡拉扬说："我只强调三个音，使我的乐队变得和谐。首先强调'起音'，起音不齐，乐曲就乱。第二个音是个人的'专业音'，不管是吹喇叭的还是打鼓的，要表现出自己最出色的专业音。第三个音是'团队音'，当你打出自己的专业音之后，还要考虑到整体，是不是会成为干扰别人的音。"

每个人都不可避免地会处在某个集体中，集体的进步在很大程度上反作用于个人，使个人的能力得以提高。可以说，没有集体的总体进步，那么个人的发展是不持久的，甚至是不可能的。现代社会中竞争的不只是个人的能力，更多的则是整个集体的能力，因此，只有紧密而有效地合作才能在竞争中立于不败之地。

7 保持一颗好奇心，为进步更添动力

一个人不管年龄多大，都应该"对自己所不了解的事物觉得新奇而感兴趣"，也就是要保持一种强烈的好奇心。墨守成规、故步自封，只能给自己的事业和生活添加一道又一道屏障。

做事的智慧

江南春是学文学的，在大学时代还出过一本诗集——《抒情时代》。但是，这位颇具文采的诗人，并没有依惯性安静地在象牙塔里吟诗作赋。在他成功竞选为学生会主席后不久，一家广告公司到学校招聘兼职广告业务员。江南春果断地前去应聘。他的第一个客户是汇联商厦，他要做的是影视广告策划。

江南春很刻苦，他连夜写了剧本，而随后客户也很痛快地投入了十几万元拍广告。第一笔打工收入有 1500 元之多，这使江南春改变了想法，他把学生会的工作放下，开始全身心做广告，沿着上海淮海路“扫”商厦。这为江南春以后的发展提供了丰富的经验。

1994 年，颇具开拓精神的江南春萌发了自己创业的念头。他成立了永怡广告公司，自任总经理，与几个合作伙伴一起开始了创业。江南春特别努力，为了争取到与客户短短 15 分钟的见面机会，他可以等候七、八个小时。大学还没毕业，江南春就已经成为大学生中少有的百万富翁了。

然而，在广告代理业辛苦打拼了七八年后的江南春，却痛苦地意识到一点：在广告产业的价值链中，广告代理公司处于最下游，最为脆弱，付出最多的劳动，收入却是最少的。江南春倍感迷茫，他连续思考了几天，为什么非要一直在广告代理的战术层面上反复纠缠，而不跳到产业的战略层面上去做一些事情呢？就像坐公共汽车一样，与其跳上挤满人的巴士，你争我抢，费尽周折获得了一点狭窄的立足之地，还不如寻找无人的巴士。

他决定寻找新的天地。他看到商业楼里的公共区域墙壁上经常是一片空白，很多上、下班的人在等电梯的时候经常无聊得发呆。这立刻触动了他的好奇心。他想，为什么这里不能放台电视播放节目给大家看，然后兼做广告呢？普通人对此想不到或者不敢想，江南春却坚定地去执行了。他把目光锁定到了商业楼宇液晶电视联播网。这是一个巨大的空白市场，而且锁定的正是3000元以上月收入的“三高”(高收入、高学历、高消费)人群，在每天至少 4 次等候电梯的短暂时间中，几乎“强制性”地观看广告，而成本只有传统电视广告的1/10。

几个月后，江南春成立了分众传媒，开始了跑马圈楼。一开始江南春还只想在自有资金基础上滚动式开发，但是，绝妙的创意、优异的业绩和广阔的前景已经让投资商垂涎三尺了，很多人都主动找上门来。2003 年 5 月，著名风险投资基金——软银也为他提供了资金。此后，其他风险投资商也闻风而来。

在投资商的支持下，分众传媒的扩张大大加速，不多久就扩张到了全国各大城市。2003 年分众传媒的收入是6000 万元，2007年达到了 2.4 亿元。

2005 年，分众传媒正式登陆美国纳斯达克股票交易市场。这一年，年仅 33 岁的江南春以 6.9 亿美元的身价跻身胡润富豪排行榜前 30 名，超过了数字英雄张朝阳……

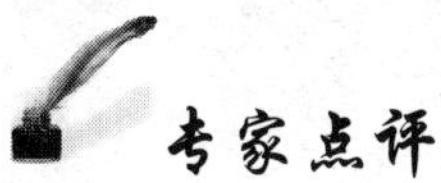

专家点评

江南春大胆抓住了人们等待电梯或飞机的无聊时间，进而演绎出成长迅速、潜力巨大的“无聊经济”。他的成功就在于他的不甘于现状，他的好奇心和敢于去探索新的东西。

“在创意面前，生意是不平等的”“想象力创造利润”，这就是江南春对自己财富之路的总结。

做事的禁忌

姜勇是一名酒吧驻唱歌手，他非常喜欢古典音乐。他有一个自己的乐队。从前酒吧生意很好，很多客人都是为听歌而来。直到最近掀起了“日韩风”，该酒吧的生意就渐渐冷清了，因为周边的大小俱乐部都跟着流行趋势改变了风格，喜欢追求新潮的年轻人自然都转移了“阵地”。

姜勇驻唱的这家酒吧的老板要求姜勇的乐队也能换换风格，可是姜勇就是不答应，他认为现在的年轻人都是跟风、赶时髦。

过了一段时间以后，姜勇自然就被老板炒了鱿鱼。

专家点评

不少人总是喜欢依惯性思考，具体表现就是安分守己、故步自封，缺乏进取心和勇敢的开拓精神，总是重复地做一件事，结果被惯性的“紧箍咒”套住了脑袋，最终难以取得成功。

举一反三

有人形容某些身体好的男人是“六十岁的年龄、五十岁的面貌、四十岁的心脏、三十岁的干劲、二十岁的能力”，我觉得还要加上最关键的一句“十岁的好奇心”。孩子最多好奇心，天天向大人提出“为什么”。为了使孩子们对他们刚刚进入的这个未知世界有所了解，出版部门推出了《十万个为什么》，一卖就是几百万册。孩子们有天生的好奇心，但好奇心并不仅仅属于孩子们，有的人老了还被人戏称为“老顽童”，那是一种对老年人的褒扬，说明他对生活充满了激情。

科学技术进步的速度实在太快，“知识共有运动”和“自由软件运动”正汹涌澎湃地展开，新知识、新技术让人目不暇接，鼠标点击之间，一切固定的东西都在瞬间烟消云散了。有一句话说得好：“松开你的双手，可以拥抱世界；握紧你的双拳，就跟世界绝缘。”变化就是如此巨大无情。我们今天了解的事物可能很快就会过时，其速度之快让人难以置信。只有对未知世界保持一种强烈的好奇心才能与时俱进。

苏轼有一句非常著名的诗：“横看成岭侧成峰，远近高低各不同。”意思是说，同一座山，从不同的角度，能看出“岭”和“峰”之别，看出远近高低的不同。

这其实也正是我们在追求成功的过程中所应具备的思维方式的写照。思考方式不同，做事方式可能就会大相径庭，获得的成功就会存在天壤之别。

生活中，有这样一些人，他们不喜欢墨守成规，总是保持着孩子一样的好奇心。在好奇心的诱导下，他们表现得更有胆识，更有开拓精神，更有创新精神，也更富有进取心。

每个人小时候都用过那种橡皮装在铅笔头上的铅笔，这个创意其实是美国一位穷困潦倒的画家李浦曼在用铅笔画画时找不到橡皮擦之后萌生出来的。可是，这个小小的创意，就为他带来了

55 万美元的创意转让费。

诸如此类的例子不胜枚举。创意无大小，就看是否敢于以及如何驱使你的好奇心去开启成功之门。

如果你渴望成功，那么你就要常常保持一颗好奇心。为此，以下建议可供你参考：

(1) 经常有意地观察周围的事物，留心它们的细节，多问几个"为什么"。比如，为什么这个东西是这种形态呢？为什么那个东西是那样运转的呢？它们的存在和运转是否就是合理的呢？

(2) 不要忽视你生活中遇到的麻烦，这可能就是你叩开成功之门的机会。遇到了麻烦，首先要思考，这是不是很多人普遍遇到的麻烦呢？如果是，那就证明它有市场。接着思考有什么好的方法可以简便地解决这个问题。

(3) 当你做完一项工作时，仔细回想刚才所做的一切，是不是一切都无可挑剔呢？是不是有多余的步骤呢？是不是有可以简化的步骤呢？是不是这个工作干脆可以直接用别的方法或手段取代呢？

(4) 手头准备一个小册子，要常把这些奇思妙想记下来，过后再慢慢揣摩，分析它们是否可行。看似不好的点子也不要立即扔掉，暂且放一边，或许以后对它的一点改变就能够延伸出神奇的效果。一旦产生一个令自己和周围人非常看重的商业创意，就应该立即付诸实践。

(5) 不断反思先前的工作中存在的问题，特别是根本性的大问题，这有助于产生向上的动力。不要守着既有的成绩自我欣赏，要保持好奇心，不断开拓新的境界，寻找自身更多的潜在价值。

第二章　做事留有余地

1. 信任他人，路才能越走越宽
2. 该退则退，是一种积极的心态
3. 吃得了亏，打得了翻身仗
4. 别固执钻牛角尖，转身更方便
5. 审时度势，别把自己逼进死胡同
6. 宽恕他人，关键时刻有出路
7. 经营人脉，为自己的成功铺路

1 信任他人，路才能越走越宽

人人都希望得到别人的认可与信任，只是不知道从何处做起，不知道怎样去做。一个最好的方法是，给予他人信任，自然也会得到真心。

做事的智慧

有个人在沙漠行走了两天，途中遇到风暴。一阵狂沙吹过之后，他已找不到正确的方向。正当他就要坚持不下去的时候，突然，他发现了一幢废弃的小屋，他拖着疲惫的身子走进了屋。这是一间密不通风的小屋，里面堆了一些枯朽的木材。他几近绝望地走到屋角，却意外地发现了一个抽水机。

他兴奋地上前汲水，却任凭他怎么抽，也抽不出半滴水来，他颓然地坐在了地上，不经意间却发现抽水机旁有一个用软木塞堵住瓶口的小瓶子，瓶上还贴了一张有些泛黄的纸条，纸条上写着这样两行小字："你必须把水灌到抽水机里才能抽水喝！不要忘了。在你离开之前，请再将水装满！"他拔开瓶塞，发现瓶子里果然装满了水！

他的内心，此时开始斗争：

如果自私点儿，只要将瓶子里的水喝掉，他就不会渴死，虽然不能保证是否走出沙漠，但一定能活着走出这间屋子！

如果照着纸条上面说的做，把瓶子里唯一的水，倒入抽水机内，万一水还是抽不出来，他就会渴死在这地方了！但是，如果真的能抽出水来，那就能走出沙漠了！——那么，到底要不要冒险？

思虑再三，他选择了相信纸条上的话，毅然把瓶子里仅有的水全部灌入看起来破旧不堪的抽水机里，然后以紧张的有些发抖的手开动抽水机。令他高兴的是，水真的涌了出来！

他美美地喝了一顿之后，又把瓶子装满水，瓶口用软木塞封好，然后在原来那张纸条上面，又加上了他自己的一句话：相信我，真的有用。

专家点评

如果这个人没有相信纸条上的话，也许他将无法走出沙漠。正是那一瞬间的信任，让他得以生存下去。在日常的生活中，给予他人多一点信任，对自己来说也未尝不是件好事。

做事的禁忌

有个青年，住在山顶，每次傍晚下班后他都要走一段崎岖的山路才能到家。

有一天，工厂要赶工作进度，他必须加班。下班的时候已到半夜。当他正走在那段崎岖山路上的时候，突然狂风大作，乌云密布，四周一片漆黑，没有灯光。此时，他非常紧张，便加快脚步赶路，仓促间脚下突然一滑，他掉进了一个大洞。

“救命啊！”千钧一发之时，他抓住了一根树枝而没有摔下去。

青年往下看，大洞深不见底，四周也伸手不见五指。他双手一直抓住树枝不敢放，担心会掉下“无底洞”。

他无数次地大呼“救命”，希望能碰到路人，把他救上去。

突然，他听到地面传来一个声音：“年轻人，你是不是在喊救命？”

“是啊，求您救救我！”

“年轻人，你要我救你，你一定要相信我！”那人说道。

“我相信您！”

“绝对相信？”

“绝对相信！”

“那好，放开你的双手吧！”

那个青年抓紧树枝，大骂那个想害他的人：“你想害我，鬼才相信你呢！”他抓紧树枝拼命坚持，在他终于坚持不下去时，掉了下去。他心想，这下完了！结果还没等他叫出口，脚便落在了坚实的地上。

洞底原来距离树枝很近。他很懊悔，“我如果早相信那个人，不早就转危为安了吗？”

专家点评

人在很多时候总是不能相信那些好心的陌生人，将它们的淳淳劝导当作耳边风。然而，也正是因为这种不信任，使得自己错过了很多让自己摆脱困境的机会。

举一反三

我们永远都生活在这样的一个有家人、朋友和许多陌生人的圈子里。但不知从何时起，我们开始变得自我起来，不信任陌生人，不信任自己的朋友，甚至，对于自己的家人，都会产生不信任感。也许我们已感到悲哀，但我们依然重蹈覆辙，去怀疑、猜忌身边的人。从什么时候起，我们开始变成这样的呢？

信任他人是一件幸福的事情，它会让我们感受到亲情、友情的温暖。

人们总是在一个又一个的选择中成长，这些选择往往会决定我们的命运。我们会恐惧和不安，我们害怕做出一个错误的选择。但是不要忘记，我们的身边还有我们的亲人。为何不信任我们的家人呢？他们会帮助我们做出一个个明智的选择。在付出一份信任的同时，也会收获一份亲情与幸福，并且从此以后，你会发现身边有亲人的陪伴是一件多么幸福的事。

信任他人是一件愉快的事情，它会让朋友间的关系更加亲密无间。生活中难免会遇到各种各样的难题，也许你会觉得独自处理这样的事情有点力不从心，但为何不信任自己的朋友呢？相信他们是你最好的知己，让他们同你一起解决难题。在付出一份信任的同时，也会收获一个好心情，并且从此以后，你会发现其实有这么多陪在你身边的好朋友。

信任他人是一件美好的事情，他会让人们的关系变得和谐、美满。大人们难免会有不在家的时候，这时家中年幼的孩子就会无人看管，而这时为何不信任自己的邻居，把孩子交给他们暂时看管呢？在付出一份信任的同时，也会收获一份信任与支持，并且从此以后，你会发现又多了一个好邻居、好朋友。少一点猜忌，多一份真诚，便会慢慢拉近人们的距离。

信任他人不能只是嘴上说说而已，而是要从心底去真真正正地相信他人。不要被黑暗的事物蒙蔽了我们的双眼，我们应该努力去寻找值得信任的人，我们的家人、朋友，甚至是陌生人。

 该退则退，是一种积极的心态

人生并非只有前进，很多情况下我们需要后退。“退”不是胆小，不是懦弱，而是智慧，是做事成功的谋略。只懂得盲目前进的人，往往会遭遇“以卵击石”的失败。因此，在关键时刻，要懂得向后寻找出路。

做事的智慧

几乎征服了整个欧洲的拿破仑，又精心组织了一支50万人的大军，以排山倒海之势压向俄国。他不宣而战，挥师跨过俄国边境，并且很快切断了俄国两个集团军的联系，长驱直入，占领了莫斯科。处在危急存亡之际的俄国拼死抵抗，老帅库图佐夫临危受命，担任了俄军总司令。拿破仑和库图佐夫是老对手，五年前两人交过锋，但这次库图佐夫明显处于劣势。双方经过紧张的部署后，在博罗季诺村附近拉开了战幕。这是一场血战，惨烈的战

斗持续了一天一夜，最后俄军被迫撤离，拿破仑占领了库图佐夫的阵地。

作为一个首领，放弃一方领地，实属无奈，但库图佐夫的放弃并不完全是无奈之举。他冷静地分析了形势和敌我双方的实力差距，发现尽管拿破仑夺取了俄军要塞，但实力已经被大大削弱，由进攻之势转为防御。再者，法军长驱直入，孤军作战，如果长久相持下去，必然对其不利，到那时，俄军方可重振雄风。于是，他宣布了一个让众人震惊的决定——放弃莫斯科。

消息传出后，遭到人们激烈的反对，把自己国家的首都拱手让给敌人，这是何等耻辱！于是，全国响起一片“情愿战死在莫斯科，也不交给敌人”的呼声，就连沙皇也下令坚守都城。此刻，库图佐夫的心情比谁都沉重，因为放弃莫斯科对他来说更是一种耻辱。然而，作为一名军事家，他清楚地意识到，如果凭一时之气，争一时输赢，在敌强我弱的情况下，俄军很可能会全军覆灭，最后导致国破家亡。为了顾全大局，库图佐夫顶着国内的压力，毅然下令：“现在，我命令，撤退！”不久，拿破仑的军队便占领了莫斯科。

暂时取得优势的拿破仑没有想到，他失败的命运已由此决定，俄国人留给他们的是一座空城，随之而来的是饥饿和严寒，而这时法军思乡情绪上升，军心涣散。最后，拿破仑只好下令撤出莫斯科，但为时已晚，俄国人不会轻易放走曾经占领他们首都的侵略者，一场恶战使法军全线溃败。

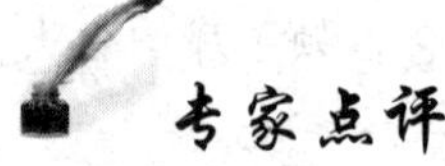

要想把事情做好，就要有充分的思想准备，该退的时候要退，有些亏还需要吃，有些苦还需要咽下去，笑到最后的人才是真正的胜利者。

做事的禁忌

两个部落打仗，南边的部落用一个晚上时间布置好陷阱，有充分的把握能在第二天获得胜利。

第二天，北边的部落一声号角，就往南边冲去，正好中了南边部落的埋伏，伤亡惨重，本应该撤退，可是部落首领不服输，下令剩下的残兵败将冲上去和他们火拼，结果可想而知，北边的部落一败涂地。

该撤退的时候不撤退，没有谋略地使用蛮力，等待他们的只有失败。一个真正的勇士，深知进退得当的妙处。

举一反三

每个人都渴望成功，并且最好是事事成功，从极小的到更大的，仿佛自己天生就应该成功，而从不允许自己有所失败。这种想法是可以理解的，毕竟人是有追求的，都想有所进步，都有一种超过别人的愿望。但事实上，一个人不可能在所有方面都超越别人，一味地追求成功，一味地闷在一条死胡同里，必然会导致无谓的牺牲，甚至更惨重的失败。

有时候为什么非要争得头破血流呢？为什么不向后看看呢？后面也许是一片更广阔的天空。聪明的人总是有远见卓识，他们不会钻牛角尖，不会一味地走进死胡同，相反，他们善于在广阔的人生海洋中发现机会。

“退”表面上看似胆怯、失败，但下面这个事实也许会让你改变看法。森林中，老虎为百兽之王，谁见谁怕，无不撒腿而逃。可是，你仔细观察后会发现，即便作为百兽之王的老虎，在捕食时也总是先后退几步，然后才狂奔而上，结果当然是紧紧地抓住了猎物。老虎尚且知道在开始进攻时先后退几步，以便产生更大势能，我们又为何只知前进，不知后退呢？

“退”本身并不能说明胆怯与弱小，相反，能进能退、能屈能伸才是智慧的象征。古人形容能屈能伸是为大丈夫也，可见大丈夫行事理应有进有退。退的目的是更好地进攻。

做事时掌握后退的艺术，是成为一个强者必备的条件。因为生活中不可能处处都是鲜花，成功之路也不可能一帆风顺，我们也不可能事事都比别人强。那么，在我们的人生不是一帆风顺的时候，在我们的人生出现一些挫折的时候，在我们的面前不都是鲜花的时候，我们该怎么办?

这时候，不妨后退一步，你会发现海阔天空，人生照样美好，天空依然晴朗，世界仍是那么美丽。

例如，我们在做生意时，原本想肯定能赚 100 万，但由于种种原因，最后只赚得了 10 万。这时就要退一步想：毕竟没有赔钱。

当然了，你得好好总结一下，为什么没赚到那90万。

公司里人事调整，你升职本应是板上钉钉的事，可在最后的升职名单上却没有你的名字。这时你也退一步想：毕竟没有被炒鱿鱼。然后想自己为什么没有被提拔，如果的确不是你的错，那就是老板没长一双慧眼，没发现你这颗珍珠，那受损失的是老板而不是你。让他遗憾去吧！

如果你不幸患上某种疾病，心情肯定会不好，但心情不好对你身体无任何益处，反而会使你的健康状况恶化，因此应尽量使自己的情绪不要总是低迷，最好是后退一步想：毕竟只是生病，那就趁这个机会好好休息一阵，平时难得有这样的机会。

人生在世，肯定会有不如意的事情，这时就要以一种平和的心态去看待。这并非一种消极的心态，后退一步，寻找到一种海阔天空的人生境界，也是一种积极的心态。至少，它教你认识了生活，认识到人生不会一帆风顺，然后就迫使你去学习在遇到不顺和挫折的时候，怎样去对待人生、对待挫折、对待自己。

当你能够做到进不喜、退不忧时，你就真正成熟了，也就可以扬帆远行了。

 吃得了亏，打得了翻身仗

俗话说："吃亏是福。"吃亏是一种谋略，就是不计较眼前的得失，而着眼于更大的目标。

做事的智慧

在清末民初时期，北京城有个有名的绸缎店。一天，突然一场大火把所有的东西都烧掉了，其中包括来往的账目。店老板贴出一张告示说因其店的账目已烧毁，凡欠其钱的人可以不还，但若欠别人的，只要有凭据，照样兑现。这样处理，绸缎店明显是吃了大亏。

然而，这个绸缎店却因此事而名声大震，许多人都慕名而来与他做生意，其中还包括一些外国人。很快，这个绸缎店又恢复了生机，生意比失火前还要好。

专家点评

老子说的“福兮祸所伏，祸兮福所倚”就是说事物的发展能产生两个极端的转化，世上的任何事情都是有失有得的。

从上面这则故事，我们也许能够真正明白“吃亏是福”的道理。这个老板在绸缎店失火后的举措如同给自己做了一个活广告，在经济上暂时吃了亏，但却赢得了人们的信任，最终东山再起。

做事的禁忌

一天清晨，上帝来到一个年轻人身边。上帝问他：“你有什么心愿，说出来，我都可以为你实现，你是我的宠儿。但是记住，你只能说一个。”

年轻人说：“我的上帝，我有许多的心愿啊。”

上帝摇摇头说："这世间的美好实在太多，但生命有限，没有人可以拥有全部，有选择就有放弃。来吧，慎重地选择，永不后悔。"

年轻人惊讶地问："我会后悔吗？"

上帝说："谁知道呢？选择爱情要忍受情感煎熬；选择智慧就意味着痛苦寂寞；选择财富就要承受钱财带来的烦恼。这世上有太多的人在走了一条路之后，懊悔自己其实该走另一条道。仔细想一想，你这一生真正要什么？"

年轻人想了又想，所有的渴望都纷至沓来，在他周围飞舞。哪一件是他能舍弃的呢？最后，他对上帝说："让我想想，让我再想想。"

上帝说："要快啊，我的孩子。"

从此，年轻人的生活就是不断地比较和权衡。他用生命中一半的时间来列表，用另一半时间来撕毁这张表，因为他总发现他有遗漏。

日子一天天过去了，年轻人不再年轻了。他老了，快走到生命的尽头了，这时上帝又来到他面前："我的孩子，你还没有决定你的心愿吗？可是你的生命只剩下 5 分钟了。"

"啊？"年轻人惊讶地叫道，"这么多年来，我没有享受过爱情的快乐，没有积累过财富，没有得到过智慧，我想要的一切都没有得到。上帝啊，你怎么能在这个时候带走我的生命呢？"

无论他怎么痛哭求情，5 分钟后，上帝还是无奈地带走了他。

专家点评

人们常说：“舍得舍得，有舍才有得。”如果什么都不愿意舍弃，最终也只能是什么都不能收获到。

举一反三

“吃什么都成，就是不能吃亏。”这已经成了很多人的人生信条。在如今这个正视利益的时代，很多人都抱有一个想法：“我绝不能吃一点儿亏!”

于情于理，于公于私，追求个人利益的最大化都无可厚非。但是，绞尽脑汁地多占便宜、避免吃亏，就能找到幸福、走向成功吗？恐怕不一定。

其实，聪明的人能在吃亏中学到智慧，悟透人生。有位哲人曾说过，人生的每一次付出，就像在空谷当中的喊话，你没有必要期望要谁听到，但那绵长悠远的回音，就是生活对你的最好回报。

“吃亏是福”是一种非常崇高的境界。这种不在乎一时一刻的吃亏，着眼长远，正是一种大智若愚的表现。表面吃亏，其实却在暗中受益。如此看来，吃亏其实是一种隐形的投资。

公孙修是鲁国的宰相，天生喜欢吃鱼。鲁国人知道后都争先恐后地送鱼给他，可是他一概拒收。他弟弟就问：“哥哥，你不是喜欢吃鱼吗？为什么不接受呢？”公孙修回答：“正因为我很喜欢吃鱼，所以才不接受。一旦收了某个人的鱼，那就会感到亏欠于他，如此一来，很可能会因此枉法。一旦枉法，便会失去宰相的职位。到了那种地步，就算我再喜欢吃鱼也没有人会送了，就连我自己也无力购买。而只要我不接受此物，也就不会违法，更不会被免职。爱吃鱼时，随时都可以去买。”

公孙修这话讲得很实在。他是说，与其仰赖他人给予的好处，不如通过自己的努力去争取。受人恩惠同时也要受人约束，既然如此，还不如抛弃眼前这一点点小利、吃这一点点“亏”而求得长久的安逸。这种认识是极其明智并富有远见卓识的，透着几分人生真正的洒脱。正所谓“吃人嘴短，拿人手软”。能吃亏是做人的一种境界，会吃亏是处世的一种睿智。

在人生的历程中，吃亏和受益是一种互为存在、互为结果的东西。一个人不能事事只想着受益，因为有些事情当时即使真的受益了，最终导致的结果仍有可能是吃亏。我们更不能时时怕吃亏，有些事情当时可能是吃亏了，但事后仍有可能会出现一个受益的结果。无论哪一个人，无论哪一件事，不会永远受益，也不会永远吃亏。

敢于和勇于吃亏的人，才会赢得更多，才会有一份平和、快乐的心境，以后的路才会更顺畅。相反，心胸狭窄、斤斤计较、不肯吃亏的人，必定一生无所作为、无所建树。

吃亏者，能让人们觉得他有度量而加以敬重。这样，吃亏者的人际关系自然就比别人好。当他遇到困难时，别人也乐于向他伸出援救之手；当他干事业时，别人也肯对他给予支持和帮助，他的事业自然就容易获得成功。毋庸置疑，能吃亏者，大都是心胸宽阔者，而这些人就比别人更容易获得成功。

很多时候，为了获取更大的成功，吃些亏其实无所谓，因为吃亏本身并不是一件坏事，吃了眼前的“亏”，往往会得到事后更大的“福”。

许多人都熟知刘邦与项羽的故事，在称雄争霸、建立功业上，两人表现出了截然不同的性格，最终也得到了截然不同的结果。著名文豪苏东坡在评判楚汉之争时曾经一针见血地指出：项羽之所以会败，并不是上天亡他，而是因为他不能忍让，不愿意吃亏，不懂得为自己留后路，白白浪费了上天的一番美意；汉高祖刘邦虽然是一个地痞流氓，但他却能忍，懂得“留得青山在，不怕没柴烧”的道理，养精蓄锐，等待时机，紧紧抓住项羽的弱点，由弱势转变成强势，最后夺取了胜利。

做事留后路的人，都善于从吃亏当中学到智慧，“吃亏是福”也是一种做事的哲学。表面上来看，“吃亏是福”会有不思进取之嫌，但是，它会让人们对自己眼前的状况有更清醒的认识，更好地处理好眼前的问题，从而把握好将来的机会。

一个人要想生活在一个融洽的环境里，就一定不要斤斤计较某些个人的得失。不斤斤计较的人拥有豁达的胸怀，即使在他们离去之后，人们也会深深地怀念他们。不斤斤计较是一种明智之举，一辈子不吃亏的人是没有的。

朋友、同事之间你来我往，无法做到绝对公平，总是要有人承受不公平，要吃亏。倘若人们强求世上任何事物都公平合理，那么，所有生物链一天都无法生存——鸟儿就不能吃虫子，虫子就不能吃树叶。

既然吃亏有时是无法避免的，那何必要去计较不休、自我折磨呢？事实上，人与人之间总是有所不同的。别人的境遇如果比你好，那无论怎样抱怨也无济于事。最明智的态度就是避免提及别人，避免与人比较，而应该将注意力放在自己身上。“他能做，我也可以做”，以这种宽容的姿态去看待所谓的“不公平”，你就会有一种好的心境，好心境也是生产力，是创造未来的一个重要保证。

4 别固执钻牛角尖，转身更方便

头脑灵活的人，当自己陷入困境的时候，往往不会钻牛角尖、一条道走到黑，而是开动脑筋、转换思路，所以他们是最终的成功者。相反，那些只知道向前走的人，往往走入的是绝路。

做事的智慧

有一位姓王的商人，继承父业做珠宝生意，可是他缺乏父亲对珠宝行业的精微敏感，没过几年，便把父亲留下的全城最大的珠宝店赔光了。

商人认为自己不是缺乏经商的才干，只是珠宝行业投资大，技术性太强，风险太大。于是，他又决定改行做服装生意。他认为服装行业周期短，而且不需要太大的专业学问，肯定能成功。主意拿定之后，他变卖了仅有的一些家产，开了一家服装店。这样过了三年，他的服装店已经没有资金进新款衣服了，已有的衣服也因价格高于相邻商家而无人问津。

他又一次失败了，他意识到自己不适合于更新迅速的服装市场，因为当他为一种新款刚开始流行而组织货源时，同行们的这种款式已经开始淘汰了，他总是跟随着流行的尾巴。

后来，他又变卖了服装店，用剩余不多的资金开了一家饭店，他想，这种简单的生意总不会再赔了吧。雇几个人做菜，客人吃饭拿钱，又不用多少流动资金。可是，这一次他又失败了，他眼睁睁地看着相邻的饭店里宾客盈门，生意兴隆，而自己的饭店却门可罗雀，冷落异常。最后，连雇来的几个人也跑到别的饭店去了，只剩下他孤零零的一个人。

后来，他又尝试着做了化妆品生意、钟表生意、印染生意，无一例外地都以失败而告终。这个时候，他已经 52 岁了，从父亲交给他珠宝店至此，25 年的宝贵年华被失败占满。每想到此，他就感到绝望。

他算了算自己的家底，所有的钱仅够买一块离城很远的墓地。他彻底绝望了，既然自己没有能力创造财富，那就买块墓地给自己留着，等到哪一天归西，也算有个归宿。这是一块极其荒僻的土地，离城大约有 5 公里，甚至一些穷人也不屑于买这样一块墓地。

可是，命运就在这里开始出现了转机，就在他办完这块墓地产权手续的第十五天，这座城市公布了一项建设环城高速路的规划，他的墓地恰恰处在环城路内侧，紧靠着一个十字路口。道路两旁的土地，一夜之间价格倍增，他的这块墓地更是涨了很多倍。他做梦也没想到，他靠这块墓地发财了！要知道，这是他“经商”20 多年来，第一次“狠”赚了一笔。

他突然顿悟，为何不做房地产生意呢？说做就做。他很快将这块墓地以相当高的价格出售，又购买了一些他认为有升值潜力的土地。

仅仅过了5年，他便成了全城最大的房地产业主。

专家点评

一个人做事不能在一棵树上吊死，要不断地进行调整，寻找出自己真正的出路，这样成功才会在某个不起眼的拐角处，突然出现在你的眼前。

做事的禁忌

夜晚，高尔基脸色铁青地从剧院出来，气愤地说："胡闹！歪曲！"这天上演的正是高尔基的剧作《耶戈尔·布雷乔夫和其他的人们》。导演没经他的同意，将结尾处理成布雷乔夫死了。这一改，悲剧气氛浓了，观众非常激动，每场谢幕竟达二三十次。观众虽然欢呼了，但高尔基看了却生气地说："布雷乔夫没有死。"

他找到导演，说："你得改回去。"

"为什么？"导演惊讶道："这样的效果不是更好吗？"

"布雷乔夫当时没死，要尊重事实。"

导演欣赏自己的修改，也被剧场里的掌声迷住了，不愿改。高尔基坚持自己的意见，导演没办法，只好把结尾改为布雷乔夫倒下，但没有死。

这一次，高尔基虽然满意了，但是观众谢幕只有五六次，剧场效果与之前相比明显差远了。

专家点评

不是所有事情都值得我们去坚守。如果事情有更好的变更方式，那我们就应该从中吸取经验，找到更好的发展道路，而不是固执地坚持，从而遭到生活的戏弄。

举一反三

在人生的每一个关键时刻，都要审慎地运用智慧，做最正确的判断，选择最正确的方向，同时别忘了及时检视自己选择的角度，适时作出调整。

诺贝尔奖得主莱纳斯·波林说："一个好的研究者知道应该发挥哪些构想，而哪些构想应该丢弃，否则，会浪费很多时间在无谓的构想上。"有些事情，你虽然非常努力，但你迟早会发现自己处于一种进退两难的境地，你所走的路通往的也许只是一条死胡同，这时最明智的办法就是尽快抽身退出，寻找新的成功机会。

美国石油大王洛克菲勒年轻的时候在美国某个石油公司工作，他的学历不高，也没有什么一技之长，所以只好从事那些简单的工作——巡视并确认石油罐盖有没有自动焊接好。当石油罐从输送带上移动到旋转台的时候，焊接剂就会自动滴下，沿着盖子旋转一圈，就算焊接完毕。

洛克菲勒每天都从事着这种枯燥的工作。没过几天，他就厌烦了，而且十分想改行。但是他没有一技之长，根本找不到其他的工作。于是他只好静下心来仔细观察，在这个工作中寻找兴趣的突破口。他发现，石油罐旋转一次，焊接剂滴落 39 滴后，焊接工作才结束。他在想，这一连串的工作中，有没有什么地方可以改善呢？突然有一天，他的脑子里闪出了一个灵感：如果能将焊接剂减少一两滴，这样不是可以节省成本吗？于是，他苦心钻研，终于研制出“37 滴型”焊接机，但利用这种焊接机焊接出来的石油罐偶尔会漏油，并不实用。面对失败，他并不气馁，仍旧继续研制，最终研制出“38 滴型”焊接机，焊接出来的石油罐非常完美。公司对他的发明十分重视，并很快生产出这种机器，更换了原有的焊接机器。尽管只节省了一滴焊接剂，但那“一滴”，却给公司带来了每年 5 亿美元的惊人利润！

一般情况下，当你认清自己没有什么的时候，实际上是对自己过去的否定，这只是成功的第一步。第二步就是努力去发现自己有什么。这第二步实际是给自己找到一个新的人生轨迹的起点，这是非常重要的。

撞了南墙不回头，那是指信念不灭、精神不死。倘若你做事撞了南墙，被撞得一塌糊涂，却仍然不回头，那就是不可救药的傻子了。

撞了南墙要回头，不是往回走不干了，而是回过头去找出一条新路。“条条大路通罗马”，此路不通有他路，何必撞得头破血流还要继续撞下去呢？回头还可以去借梯子，借到梯子就能爬过去，走通这条路。无论是回头拐弯去找新路，还是回头去借梯子，都是为了走通往前去的那条路。

因此，穷尽思维仍然没有想出名堂的时候，你就要学会逆向思维，也就是说，要脱离原有的思路拐弯想、逆反想。

5 审时度势，别把自己逼进死胡同

墨守成规、一成不变，抱着“以不变应万变”心态的人，终将难逃被时代淘汰的命运。相反，那些敢于越过雷池的人，却能审时度势，走出一条成功之路。

做事的智慧

有两个贫苦的樵夫靠上山捡柴糊口。有一天，两人一起到山里捡柴时，发现了两大包棉花。两人喜出望外，棉花的价格远远高过柴薪。当下两人各自背了一包棉花，赶路回家。

走着走着，其中一名樵夫突然看到山路上有一大捆布，走近细看，竟是上等的细麻布，足足有10多匹。他欣喜之余，和同伴商量，一同放下肩负的棉花，改背麻布回家。

他的同伴却有不同的想法，认为自己背着棉花已走了一大段路，到了这里丢下棉花，岂不枉费了自己先前的辛苦，于是坚持不换麻布，继续前行。

又走了一段路后，背麻布的樵夫望见林中闪闪发光，待近前一看，地上竟然散落着数罐黄金，心想这下真的发财了，赶忙邀同伴放下肩头的麻布及棉花，改用挑柴的扁担来挑黄金。背棉花的同伴仍然不愿丢下棉花，以免枉费辛苦，并且怀疑那些黄金不是真的，劝他不要白费力气，免得到头来是一场空欢喜。

发现黄金的樵夫只好自己挑了两罐黄金，和背棉花的伙伴赶路回家。

两人走到山下时， 遇到了无缘无故下的一场大雨，在空旷处被淋了个透湿。更不幸的是，背棉花的樵夫肩上的大包棉花吸饱了雨水，重得完全无法再背，那樵夫不得已，只能丢下一路辛苦舍不得放弃的棉花，空着手和挑黄金的同伴回家去了。

把黄金背回家的樵夫是聪明的，他的聪明之处在于随时审视自己的选择是否有偏差，以便合理地调整目标，放弃无谓的固执，轻松地走向成功。

做事的禁忌

罗杰·史密斯成为美国通用汽车公司董事长后，进行了一系列令人眼花缭乱的改革。首先，他宣布要创建“世界第一家21世纪的公司”，这将是一家拥有高级技术精英、不用纸、不用灯、无人操纵、全部电子化的制造公司。为实现这一目标，他到处投资建厂，并大量兼并那些他认为有利于实现目标的公司，即使与汽车业无关、财务状况很差，也大量购进。

他设想的“21世纪的公司”只需要技术精英和技术，他认为机器人比人更有用而且成本更低，因此普通人在他眼里都成了多余之物。管理专家提醒他：“日本最重要的优势不是廉价劳动力，而是人人参与管理。”史密斯对这一忠告毫不理会。他大量裁减工人，随意把众多熟悉本行业的技工调到他们根本不懂的新岗位上去，而且调动极频繁，许多人行李还没打开，新的调令又下来了。

史密斯还认为，公司亏损是由于员工待遇太高造成的，因此他要求员工“做出重大牺牲”。于是，这一年全公司普通员工没拿到一分钱红利，而公司 6000 名高级职员每人分得 5 万多美元，他本人加薪 18.8%，年薪高达 195 万美元！此举引起了工人们的愤怒，导致多次规模不等的罢工。

然而，罢工正好为史密斯裁员提供了借口。

史密斯的专横引起公司上下一致的不满。董事裴洛特公开揭露史密斯，工人也罢工响应，喊出了“要裴洛特，不要史密斯”的口号；股民们甚至提议裴洛特接管通用。史密斯釜底抽薪，以高价收买裴洛特的全部股票，并要求他退出通用。

史密斯在通用汽车公司改革了七年，他的“21 世纪的公司”没有建成，通用轿车市场占有率却由原来的 47% 下降到了 35%，创通用 50 年以来最低纪录。其利润头三年下降了 35%，员工士气的损失更是无法估量。因此，驱逐史密斯的呼声越来越高，以致“美国都不能再等待了”。

终于，公司董事会忍无可忍，集体表决，撤销了史密斯的董事长职务。

专家点评

史密斯希望成为美国企业界开创先河的英雄，结果，他的一意孤行却使他成为了一个不光彩的人物。

举一反三

众多的上班族过着一成不变的生活，天长日久，就再也跳不出这个固定的框框，生活的圈子也越来越狭小。很多企业又何尝不是如此呢？

世界闻名的美国克莱斯勒汽车公司，是仅次于通用汽车公司和福特汽车公司的第三大汽车公司，不料却在1979年的9个月中亏损了7亿美元。这个灾难之所以降临，可以说不是失之于经济实力和技术力量的薄弱，而是败于没有研究当时竞争的变化趋势，仍然抱残守缺。竞争中的高低之分，往往不单凭实力，而在于对信息的掌握和运用。

1973年，世界出现了全球性的“石油危机”，严重冲击了依赖能源的汽车工业。当时，美国所有的汽车公司都受到了一定的冲击。石油价格上涨，令一贯用油大手大脚的美国人也不得不精打细算起来，开始逐步使用耗油量小的小型汽车。通用和福特两家汽车公司吸取教训，随机应变，瞄准美国人“胃口”的变化，从生产大型的汽车转到省油的小汽车上。相反，克莱斯勒公司却固执地认为，使用大汽车是美国人的“本色”。结果在1978年，当世界“石油危机”再度出现的时候，大型汽车销售量大大下降，该公司的存货堆积如山，每天损失达200万美元之多，企业面临破产的危机，董事长不得不引咎辞职。

凡事都不能墨守成规，也不要只用一条法则来行走，更不能一条道走到黑。我们都有无限的竞争空间，没有人能设定你的界限，一切都是我们自己在设限。

世事瞬息万变，苟安无以图存。如果墨守成规、一成不变，抱着“以不变应万变”的保守心态，那么必然被时代所淘汰。企业如此，人生亦然。一个人，如果不具备适应世界急剧变化的能力，也必将难以在激烈竞争的社会中生存。

有一个非常干练的推销员，他的年薪有六位数字，但很少有人知道他是历史系毕业的，在干推销员之前还教过书。

这位成功的推销员这样回忆他前半生的道路：“事实上，我是个很没趣的老师。由于我的课很沉闷，学生个个都坐不住，所以，我讲什么他们都听不进去。我之所以是没趣的老师，是因为我已厌烦教书生涯，觉得教书毫无兴趣可言，但这种厌烦感却在不知不觉中也影响到学生的情绪。最后，校方终于不与我续约了，理由是我与学生无法沟通。当时，我非常气愤，所以痛下决心，走出校园去闯一番事业。就这样，我才找到推销员这份胜任并且愉快的工作。”

真是‘塞翁失马，焉知非福。’如果我不被解聘，也就不会振作起来！基本上，我是很懒散的人，整天都病恹恹的。校方的解聘正好惊醒了我的懒散之梦，因此，到现在为止，我还是很庆幸自己当时被人家解雇了。要是没有这番挫折，我也不可能奋发图强起来，闯出今天这个局面。”

坚持是一种良好的品性，但如果一味坚持却不懂得审时度势，会导致更大的浪费。例如，历史上的永动机，就使很多人投入了毕生的精力，浪费了大量的人力、物力。大科学家牛顿早年就是永动机的追随者。在进行了大量的试验之后，他很失望，明智地退出了对永动机的研究，在力学中投入更大的精力。最终，许多永动机的研究者默默而终，而牛顿却因摆脱了无谓的研究，在其他方面脱颖而出。

如果没有成功的希望，那么屡屡试验就是愚蠢的、毫无益处的。因此，当我们发现某些想法没有胜算的把握和科学的根据时，应该知难而退。

诺贝尔奖得主莱纳斯·波林说："一个好的研究者知道应该发挥哪些构想，而哪些构想应该丢弃，否则，会浪费很多时间在差劲的构想上。"有些事情，你虽然用了很大的努力，但却发现自己迟早会处于一个进退两难的境地，所走的路也许只是一条死胡同，这时候最明智的办法就是抽身退出，去做别的事情，另外寻找成功的机会。

人生是一个不断选择的过程，而每一次正确无误的选择都将指引我们通往成功。在人生的每一个关键时刻，我们都应审慎，做最正确的判断，选择正确的方向。同时，我们要经常审视选择的角度，适时调整。

6 宽恕他人，关键时刻有出路

宽恕并不是一种无能为力的屈服，而是在有权力责罚时却不责罚，在有能力报复时而不报复，这才是它的最可贵之处。

做事的智慧

罗伯特是加州一个水泥厂的老板，在平时的经营中一向重合同、守信用，所以生意一直很好。但前不久另一位水泥商莱特也进入加州进行销售。莱特在罗伯特的经销区内不停地走访建筑师、承包商，并告诉他们："罗伯特公司的水泥质量不好，公司也不可靠，面临着倒闭。"

虽然罗伯特的生意并没有受到什么大的损失，但这件事毕竟使他心生无名之火，而谁遇到这样一个没有道德的竞争对手都会愤怒。

一个星期天的早晨，罗伯特前往教堂礼拜。当天牧师讲道的主题是："要施恩给那些故意跟你为难的人。"罗伯特当时把每一个字都记了下来，但也就在那个下午，莱特使罗伯特失去了一份五万吨水泥的订单。但牧师却让罗伯特以德报怨，化敌为友。

第二天下午，当罗伯特在安排下周活动的日程表时，突然发现住在纽约的一位顾客为新盖一幢办公大楼正需要数目不少的水泥，而他所需要的水泥型号不是本公司生产的，却与莱特生产出售的水泥型号相同。同时他也确信莱特并不知道有这笔生意。

按照商业竞争的残酷性，理所当然应该保密。"我做不成你也别做!"这是经商之人的普遍心态，更何况莱特还无中生有，四处中伤罗伯特。

但罗伯特的做法却出乎常人的意料。

"这使我感到左右为难，"罗伯特说，"如果遵循牧师的忠告，我应该告诉他这笔生意。但一想到莱特在竞争中所采用的卑劣手段，我就……"

罗伯特复杂的心理斗争开始了。

"最后，牧师的忠告盘踞在我心中，也许我想以此事来证明牧师的对错。于是我拿起电话拨通了莱特办公室的号码。"

任何人都可以想象莱特拿起话筒瞬间的惊愕与尴尬。

“是的，他难堪得说不出一句话来，我很有礼貌地告诉他有关纽约那笔生意的事，”罗伯特说，“有阵子他结结巴巴说不出话来，但很明显，他发自内心地感激我的帮助。我又答应他打电话给那客户，推荐由他来提供水泥。”

“那结果又如何呢?”有人问。

“喔，我得到惊人的结果！莱特不但停止了散布有关我的谣言，而且同样把他无法处理的生意也交给我做。现在嘛，加州所有的水泥生意已被我俩垄断完了。”罗伯特有些手舞足蹈。

专家点评

报复是甜美的、快意的。对小人予以迎头痛击，想来该是多么痛快。但请注意，报复也是一把双刃剑，你在伤害对手的同时，不可避免地会伤及自己，甚至更深。这样对你的声望同样没有任何帮助，不知内情的旁观者还易对你产生误会。

生活中，如果我们把时间和精力都浪费在向别人报复的过程中，只能与成功失之交臂。因为当你开始实施报复时，就证明你已在对手面前失去冷静，失去冷静的人必然失去理智。失去理智的人又怎能在参与人生竞争中审时度势，做出准确的判断呢？同时，对手也会明白他的所作所为已经伤害到了你。你对他的报复将会使他带给你更大的报复，使你蒙受更大的损失。你要浪费更多的时间来进行自我防卫，这样便陷入了漫长的拉锯战之中，你又如何去把握机遇，谋求发展呢?

最好的做法是像罗伯特一样，赶快丢掉报复的念头。

做事的禁忌

从前，有两位很虔诚、很要好的印度教教徒，决定一起到遥远的圣山朝圣。两人背上行囊，风尘仆仆地上路，发誓不达圣山绝不返家。

两位教徒走了两个多星期之后，遇见了一位年长的圣者。这位圣者看到他们千里迢迢地前往圣山朝圣，就十分感动地告诉他们："从这里距离圣山还有十天的脚程，但是很遗憾，我在这十字路口就要和你们分手了。而在分手前，我要送给你们一份礼物！什么礼物呢？就是你们当中一个人先许愿，他的愿望一定会马上实现；而第二个人，就可以得到那愿望的两倍！"

此时，其中一个教徒心里想："这太棒了，我已经知道我想要许什么愿，但我不能先讲，因为如果我先许愿，我就吃亏了，他就可以有双倍的礼物！"

而另外那个教徒也自忖："怎么可以先讲，让他获得两倍的礼物呢？"

于是，两位教徒就开始客气起来。

"你比较年长，你先许愿吧！""不，应该你先许愿！"两位教徒彼此推来推去。

"客套"地推辞一番后，两人就开始不耐烦起来，气氛也变了："你干吗？你先讲啊！"

"为什么我先讲？我才不要呢！"

两人推到最后，其中一人生气了，大声说道："喂，你真是个不识相、不知好歹的人，你再不许愿的话，我就把你的腿打断、把你掐死!”

另外一人一听，没有想到他的朋友居然变脸，竟然来恐吓自己！于是想：“你这么无情无义，我也不必对你太有情有义！我没办法得到的东西，你也休想得到!”

于是，这个教徒干脆把心一横，狠心地说道：“好，我先许愿！我希望——我的一只眼睛瞎掉!”

很快，这位教徒的一只眼睛瞎了，而与他同行的好朋友，也立刻双眼失明了。

专家点评

本是一件皆大欢喜的事情，就这么成了悲剧。很多时候，我们在损害他人利益时，自己也会受到一定程度的伤害。如果彼此能包容一点，就能够化干戈为玉帛，从而双方获益。

举一反三

很多人在社会交往中，总想以攻击方式对那些曾经给自己带来伤害或不愉快的人发泄不满，这种情绪就是报复。报复心理是一种不健康的心态，它不仅会对报复对象带来种种危害，也不利报复者自己的心理健康，甚至将自己伤害得更深。报复者往往会因为自己的报复心理和行为付出巨大的代价，比如:

第一，精神代价。每天计划报复要花费很多精力，想到切齿处，情绪剧烈波动，会影响身体健康。

第二，金钱代价。有人为报复而放弃了一生的事业，大有“玉石俱焚”的劲头。

第三，时间代价。有些仇不是说报就能报的，三年五年、八年十年甚至几十年也报不成，纵使报成了，自己也老了。

第四，自由代价。报复毕竟是对他人的一种伤害。你报复那个曾经伤害过你的人，可能由于一时冲动，你失手将对方打伤或打死了，这样你将会受到法律的制裁。

一个人应该懂得“得饶人处且饶人”的道理，欲成就事业的人，就应该有这种大度的气魄。老子所说的“甘愿做天下的溪涧，甘愿做天下的川谷”就是这个意思。所以孔子说有盛德的人不轻佻、欺侮，轻佻、欺侮的君子，会蒙蔽人心；轻佻、欺侮的小人，欺罔而尽人力。胸怀宽广、懂得宽恕他人，是成就事业之人必须具备的道德修养。一个人没有大度的气魄是不会有什么了不起的成就的。

复仇从来不能带来“平衡”和“公平”，还常常使仇恨者和被恨者双方都陷入痛苦的深渊中。甘地说得好：“要是人人都把‘以牙还牙、以眼还眼’当做人生法则，那么整个世界早就乱作一团了。”每个人都该学会用动机和效果统一的观点去衡量个人的行为，这样可以抑制许多不满情绪的产生，切断报复心萌生的后路。当他人给你带来伤害或不愉快时，你应该试着回想自己是否在某时某刻也给别人带来过同样的伤害。如果将心比心，报复的欲望就会慢慢退去。

当然，仇恨的习惯是难以破除的，报复的欲望也很难短时间内平复。伤害愈深，心理调整所需要的时间就愈长，消灭的难度就愈大，但是久而久之，总会慢慢地把它消灭。以下是对消除仇恨、放弃报复心理的几点建议：

(1) 确定仇恨情绪的来源。

(2) 开诚布公地承认你心中的仇恨。从某种意义上来讲，如果你有勇气向他人承认自己心中的仇恨，那就意味着你走出了宽恕的第一步。

(3) 仇恨对事不对人。你可以对别人所做的对不起你的“事”生气，但你不必对得罪你的人“恨之入骨”。

(4) 把心胸放开阔些，不必对日常生活中鸡毛蒜皮的小事耿耿于怀。

(5) 仇恨的根由发现了之后，最有效的做法便是——忘记它。

(6) 忘掉仇恨要有耐心，时间长了自然“水到渠成”。

宽恕是一种消除彼此积怨的好方法，意味着勇敢而不是怯懦。无论是在家庭生活还是社会交往中，采取不计前嫌的言行，不仅有利于化解已有的矛盾，恢复和发展人际关系，而且有助于塑造自身良好形象，赢得舆论好评，营造良好的人际氛围。

7　经营人脉，为自己的成功铺路

个人的成长、成才、成功，都是在人际交往中完成的，甚至连其喜怒哀乐也都与他的人际关系息息相关，可见人脉在做事中的重要性。人脉是一笔不可忽视的潜在财富，如果没有丰富的人脉关系，做什么事都将举步维艰。

做事的智慧

“善待他人，做对手不做敌人，在任何时候都不以势压人”，是李嘉诚一贯的做事准则，即使对竞争对手亦如此。面对商场中的尔虞我诈、弱肉强食，能做到这一点，不少人认为是不可能的事。

香港《文汇报》曾刊登过李嘉诚专访，主持人问道：“俗话说，商场如战场。经历那么多艰难风雨之后，您为什么对朋友，甚至商业上的伙伴，都还是那么坦诚和磊落？”

李嘉诚答道：“最简单地讲，人要去求生意就比较难，生意跑来找你，你就容易做。一个人最重要的是要有勤劳、节俭的美德。最要紧的是节省你自己，对人却要慷慨，这是我的想法。讲信用，够朋友。这么多年来，差不多到今天为止，任何一个国家的人，任何一个省份的中国人，跟我做伙伴的，合作之后都能成为我的好朋友，从来没有因一件事闹过不开心，这一点我是引以为荣的。”

在商场上，人缘和朋友显得尤其重要。善待他人、利益均沾，是生意场上交朋友的前提，诚实和信誉是交朋友的保证。就像在积累财富上创造了奇迹一样，李嘉诚的人缘之佳同样创造了奇迹。李嘉诚生意场上的朋友多如繁星，几乎每一个与他有过一面之交的人，都会成为朋友。

要照顾对方的利益，这样人家才愿与你合作，并希望下一次继续合作。追随李嘉诚多年的洪小莲，在谈到李嘉诚的合作风格时说：“凡是与李先生合作过的人，哪一个最终不是盆满钵满！”

在一次救业大行动中，李嘉诚有一个惊人之举：他将长江公司的库存原料匀出 1243 万磅，以低于市场价一半的价格，救援停工待料的会员厂家。在直接购入国外厂商的原料后，他又把长江本身的配额——20 万磅，以购入价格转让给了需要量相对较大的厂家。

在危难之中，受李嘉诚帮助的厂家多达数百家，真可谓雪中送炭，因此他被人们称为香港塑胶业的“救世主”。

专家点评

李嘉诚在生意场上只有对手而没有敌人，不能不说是个奇迹。他曾经说过：“人要去求生意就比较难，生意跑来找你，你就容易做。”那么，如何才能让生意来找你呢？这就要靠朋友。而又如何结交朋友呢？这就要善待他人，充分考虑到对方的利益。

做事的禁忌

张芳和小丽是高中同学，两人十分要好，考入同一所大学之后，张芳当上了班干部。

有人说地位高了，人就会变。这话在张芳身上应验了。张芳上任之后，见到小丽，有时干脆装作没看见，日子久了，二人关系也就疏远了。但是，张芳有时也会突然向小丽寻求帮助，出于朋友一场，小丽总是尽其所能给予帮助，可事后张芳又对她不理不睬。小丽有一种被利用的感觉，但张芳下一次求助于她时，她又会提供帮助。

就这样，张芳无论大事小事都会找小丽帮忙，对此，其他朋友都劝小丽放弃这份友情，认为这种人不值得交往。学期末时，小丽下决心要与张芳分手，而张芳伤心地说道：“我现在除了你，什么朋友也没有了。”

专家点评

显然，张芳是一个没有人情味的人，她不懂得“人情”这个看似简单实则微妙的哲理。

举一反三

假设一下，当业内同行需要你施援相助，而你也具备足够的能力时，你会有何行动呢？

很多人的做法是落井下石。因为这样就少了一个竞争对手。但即使你真的打败了这一个竞争对手，其他的竞争对手仍会相继而来。由于你对竞争对手毫不留情，他们必然也会对你心存戒备，如有机会也会对你毫不留情的。这样，你的事业中便会潜伏着可能随时爆发的危机。所以，待人要友善，即使是竞争对手。

大自然的弱肉强食靠的是力量，而并非日后的长久利益，这是自然界的生存法则。人类社会则不同，它比动物界复杂得多。

人与人之间，可能会有不共戴天的仇恨，但这种情况很少。一般来说，人与人之间的怨恨往往不会达到这种可怕的地步，所以任何矛盾都是可以化解的。要记住一点：敌意是渐渐增加的，也能渐渐消释。俗话说：“冤家宜解不宜结。”做事还是少结冤家比较有利。

在充满梦想的好莱坞流行这样一句话：“一个人能否成功，不在于你知道什么，而在于你认识谁。”观事业有成之人，有些固然是天赋异秉可恃才傲物之辈，但更多的还是朋友遍天下行走可借力的人。由此可见，人脉是一个人通往成功的门票。

很多人都自认是有能力、有才华的人，但要让自己的能力被人肯定并有用武之地，就需要在人脉之间搭建起互助的桥梁。

人脉和能力是相辅相成的。一个没有能力的人，是不会得到别人的赏识和重用的，而他也很难结交更多比自己优秀的人。年轻人要学会从你的朋友、亲人、同事、同学等关系中建立属于自己的人脉网，关键时候他们一定会帮助你的。

如果说血脉是人的生理生命保障系统的话，那么人脉则是人的社会生命保障系统。常言所谓的“一个篱笆三个桩，一个好汉三个帮”，“一人成木，二人成林，三人成森林”，都是说要想成事就必须要有人脉支持系统。三国时的孙权也曾说过：“能用众力，则无敌于天下矣；能用众智，则无畏于圣人矣。”懂得借助他人的力量帮助自己到达成功彼岸的人才是真正的强者。

当今社会，除了有熟练的技能和勤恳的工作态度外，拥有丰富的人脉资源，这样才可能比别人更容易获得成功的机会。总的来说，就是你的人脉关系越丰富，你的力量也就越大，机遇也就越多。很多人在工作和生活中遭遇不幸和挫折时就希望得到“贵人”相助，使自己能够重振旗鼓。其实，只要你能有意识地拓展你的人脉，你就会发现，生活中从来不缺“贵人”，他们可能就是你的朋友、同事，甚至是萍水相逢的人。我们无法预测我们的“贵人”会在何时何地出现，也无法确定他将以什么样的方式降临，而现在唯一能做的就是通过扩展自己的人脉来给自己创造更多的可能。

美国石油大亨洛克菲勒在总结自己的成功经验时曾经表示："与太阳下所有能力相比，我更关注与人交往的能力。"

太平洋建设集团董事长严介和提出了"360度全方位交朋友"理论：永远没有敌人，也没有对手，只有朋友。360度全方位交朋友，使严介和的朋友遍天下，他的朋友圈子里没有身份档次之分，就连酒店的门童也成了他的朋友。严介和本人也毫不掩饰，他说："我75%的效益都是从饭桌上谈出来的。"

我们要想获得成功，首先就要营造一个适于成功的人际关系，包括家庭关系和工作关系。一个没有良好人际关系的人，即使再有知识，再有技能，也不会得到施展才能的空间。

成功是靠自己去努力的，但如果得到别人的指引和帮助，就能少走弯路。工作时最大的收获不只是赚了多少钱，积累了多少经验，更重要的是认识了多少人，结识了多少朋友，积累多少人脉资源。这种人脉资源会成为创业的重要资产，成为事业无限发展的平台。

有的人只会积累有形的财富，而不会积累无形的财富。有形财富的力量是有限的，往往受到时间和空间的限制。而有的人不仅懂得积累有形的财富，更善于积累无形的财富，从而为自己的事业建立很好的人际关系。因此他们不论遇到什么困难，总能获得帮助而再次崛起。

关于人脉网的如何拓展，以下建议可供参考：

(1) 时时提醒自己，人脉是人生最宝贵的财富，是人生的隐形财富。

(2) 留心自己身边的每一个人，编织自己的人脉网络，只要你善于开发，每一个人都会成为你的金矿，你所认识的每一个人都有可能成为你生命中的“贵人”，成为你事业中重要的客户。人脉资源越丰富，成功的机会也就更多。

(3) 做每一件事时都不要只想着自己，也要为别人着想。只有这样才能建立良好的人际关系，让每一项工作都成为提升自己的机会。

(4) 不吝惜在人际关系方面应有的开销。金钱是一种力量，但更有力量的是可以建立人脉。如果你创造了良好的社会关系，你就有了驾驭金钱的力量，就有可能让现有的金钱增值。

(5) 建立优良的人脉网，为自己提供信息。

(6) 注意提高自己的人脉档次。人脉档次越高，事业就可能越顺利。

(7) 注重自身能力和人际关系的协调发展。如果不注重自身能力的提升，而只是一味地发展人际关系，那么就会产生一种对人际关系的依赖，反而可能被人远离。因此，只有实现自身能力和人际关系的协调发展，才能在成功的道路上走得更顺利。

第三章　做事坦坦荡荡

1. 唯求心安，勿做亏心事
2. 学会自律，才能更强大
3. 要拿得起，还要放得下
4. 别做金钱的奴隶，要做金钱的主人
5. 果断地作出决策，不要优柔寡断
6. 顺应事态，做到事半功倍

1 唯求心安，勿做亏心事

人的良心是看不见的、难以捉摸的，但如果能时常扪心自问自己的行为是否问心无愧、坦坦荡荡，人就不易走入歧途，就可以高枕无忧。

做事的智慧

一个美国游客到泰国曼谷旅行，他在一个货摊上看见了十分可爱的小纪念品，他选中了 3 件后问价。女商贩说每件 100 铢。美国游客还价 80 铢，费尽口舌，女商贩也不同意降价，她说："我每卖出 100 铢，才能从老板那里得到 10 铢。如果价格降到 80 铢，我什么也得不到。"

美国游客眼珠一转，想出一个主意。他对女商贩说："这样吧，你卖给我 60 铢一个，每件纪念品我额外给你 20 铢报酬，这样比老板给你的还多，而我也少花钱。你我双方都得到好处，行吗？"

美国游客以为这位泰国女商贩会马上答应，但见她连连摇头。见此情景，美国游客又补充了一句："别担心，你老板不会知道的。"

女商贩听了这话，看着美国游客，更加坚决地摇头说："佛会知道。"

美国游客一时哑然。

专家点评

这是一个值得深思的故事。美国游客为了达到自己的目的，就像钓鱼一样，设了一个诱饵，但女商贩并不上钩，拒绝了利益的诱惑。因为她懂得商人必须保持商业道德，别人能瞒得住，但良心不可欺。

做事的禁忌

战国时期，越国有一个叫虞孚的商人，学到了一个油漆掺假的秘方：将漆树叶熬成膏，混在真漆里，看不出来，却可成倍获利。但是这种劣质漆有一个毛病：存放时间一长就会变色、变味，不能用了。虞孚顾不了这么多，在利益的驱使下，他制作了一小批假漆，运到外地去卖，很快就顺利成交了。

虞孚胆子更大了，以后又陆续制售了几批假漆，赚了不少钱。后来，他听说江浙一带油漆甚为紧俏，觉得这是一个赚大钱的机会，于是拿出全部积蓄，购进了一批真漆，又用漆树叶熬了几百坛假漆，并与真漆分装，用船运到江浙。

当地商人听说有大批油漆运到，主动前来洽谈。他们客客气气地请虞孚住进客栈，并表示愿意给他支付住宿费。验货时，虞孚拿出真漆，其质量上乘，当地商人都很满意，表示第二天即带现款来提货。

虞孚大喜，连夜将假漆混入真漆中，重新封好。

第二天，当地商人来提货时，发现封识是新的，顿时起了疑心。因为他们之前上过假漆的当，知道假漆的保质期不长。于是，他们找了一个借口说是由于各家同行都想多进货，数量分配暂未商量妥当，等他们商量好后再来提货。

虞孚无奈，只好耐心等待。过了几天，他去催促当地商人来提货，他们又找一个别的借口推托了。

一直过了 20 多天，当地商人才带款来提货。这回重新验货时，掺了假的油漆全坏了，这笔生意也就此泡汤。当地商人恼恨虞孚做生意的不诚实，拒绝为他支付住宿费用。虞孚顿时身无分文，回不得家乡，而且遭此损失，已经破产，也无脸面再见家乡父老，只好滞留在这里，靠乞讨谋生。

专家点评

在利益的驱使下，有些人不知不觉地偏离了正道，做出损人利己的事情。然而，这终究不是长久之计，做了坏事就一定会受到惩罚的，即使百般隐瞒，最终也是逃不过的。

举一反三

优秀不是一种行为，而是一种习惯。世界上不存在优秀的行为，习惯优秀才是真正的优秀。

汤姆斯·麦考莱说：“在真相肯定无人知晓的情况下，一个人的所作所为，能显示他的品格。”我们不能决定别人怎样做事，但我们每天都会对自己作出许多决定。在街上捡到一个钱包，把钱私吞还是送交警察呢？这笔意外之财本是别人的劳动所得，但现在被你得到了，而且除你之外没有人知道，但你能把它据为己有吗？你必须对得住自己，最好能问心无愧。

俗话说，认认真真做事，清清白白做人。前一句话几乎包含了各种层面的人生活动，比如做官、种田、教书、打仗等。后一句话则强调，无论做什么事，都要“对得起天地良心”，于人于己都无愧。无论处于何种人生情境，无论是别人知道还是别人不知道时，做人都要珍视“人”这一个崇高的称号，必须保持个人品德的纯洁无瑕。

天下做坏事的人可以分为两种：一种是以为别人不知道，所以干了坏事；另一种是知道别人知道，却仍然明目张胆、无所畏惧地干坏事。前者尚有良心未泯，后者就是肆无忌惮了。

杨震前往东莱郡上任时，路过昌邑县，原先他所推荐的秀才王密在这里做县令。夜里王密怀中揣着十斤金子来送给杨震。

杨震说：“老朋友了解你，你却不了解老朋友，这是为什么呀？”

王密说：“夜里没有人知道这事。”

杨震说：“天知道，地知道，我知道，你知道，怎么能说没人知道呢？”

王密惭愧地走了。

杨震后来调任涿郡太守，为人奉公廉洁，子孙常常吃素菜，出门步行。老朋友中有人想让他为子孙置办产业，杨震不肯，说：“让后代人说他们是清官的子孙，把这个‘荣誉’留给他们，不也是很丰厚的吗？”

在实际生活中，有多少人不都是借着“黑夜没有人知道”的掩护，做了为数不少的错事吗？这些人心存侥幸，总以为别人不知晓。其实，“要想人不知，除非己莫为”，等待他们的将是迟到的惩罚。

在一个人行动之前，良心起审查和指令作用；在行动中，良心起调整和监督作用；在行动后，良心对行动的后果进行评价和反省，或者满意或者自责，或者愉快或者惭愧。一个人如果做人能做到问心无愧，能在良心的引导下做事，大致上就可以高枕无忧了。所以俗话有“为人不做亏心事，半夜不怕鬼敲门”。

一个人的文明行为不是做给别人看的，而是一种操守，是人内心的修炼。没有监督的坚守原则，才是一个人真正的道德底线，而这种道德的底线，需要每个人自觉坚守才行。

2 学会自律，才能更强大

一个不会愤怒的人是庸人，一个只会愤怒的人是愚人，一个能够控制自己情绪、做到尽量不发怒的人才是聪明的。其聪明之处是善于运用理智，将情绪引入正确的表现渠道，使自己按理智的原则控制情绪，用理智驾驭情感。

做事的智慧

有个叫艾迪的人，一生气就跑回家去，绕着自己的房子和土地跑 3 圈。后来，他家房子越来越大，土地也越来越广，但一生气，他仍绕着房子和土地跑 3 圈，哪怕累得气喘吁吁、汗流浃背。后来艾迪老了，走路要拄拐杖，但生气时他还是围着土地和房子跑 3 圈。

孙子不解地问：“爷爷，您一生气就绕着房子和土地跑，这里有什么秘密吗？”

他对孙子说：“年轻时，我不论和人吵架还是争论，只要生气就绕咱家的房子和土地跑 3 圈。我边跑边想：自己的房子这么小，土地这么少，哪有时间和精力去跟人生气呢？想到这里我的气就消了。气消了，我就有更多的时间和精力去工作和学习了。”

孙子又问：“爷爷，现在您老了，也成智者了，为什么还绕着房子和土地跑呢？”

艾迪笑着说：“我老了生气时，也绕着房子和土地跑 3 圈，边跑边想：我房子这么大，土地这么多，又何必和人计较呢？一想到这里，我的气也消了。”

专家点评

任何时候都要保持良好的心态，生气没有任何益处。

做事的禁忌

一天，老王因旧病复发，儿子将他送到乡卫生院抢救。老王在昏迷中大小便失禁，儿子将脏裤子脱下，顺手扔到病房的角落里。老王恢复健康后，儿子将其接回家中调养。

有一次，老王突然向儿子要那条脏裤子，说里面有 300 多元钱。儿子好不容易在医院的垃圾堆里找到了那条裤子，但钱没有了。老王认为钱被儿子拿走了，一气之下拔掉手上的针头，拒绝进食，任凭家人百般劝解也无济于事，每日只靠一点水维持。

十天后，老王终于被饥饿活活折磨而死。

专家点评

人在生气的时候是不理智的，因此这时候作出的任何决定或者产生的行为都是不明智的。如果不能消除怒气，往往会惹出更多的怒气，付出更大的代价。

举一反三

每个人都希望自己做得优秀，过得顺利。可是每当遇到生活中的烦恼与挫折时，有的人心浮气躁，甚至暴跳如雷，整天处于悲愤与怒火中，结果一事无成。相反，有的人却能心平气和地坦然面对一切，并积极地使自己做得更好，用自己的成功化解烦恼和忧愁。这是因为他们真正懂得生气不如争气的道理，也只有这样，一个人才能积极进步，每一天都过得充足而快乐。

如果你想成功，你就要控制好自己的情绪。当然，控制自己的情绪不是一件容易的事情，因为我们每个人心中永远都存在着理智与感情的斗争。自我控制、自我约束也就是要求一个人按理智行事，克服追求一时情绪满足的本能愿望。一个真正能够自我约束的人，即使在情绪非常激动时，也能够做到这一点。

自由并非来自“做自己高兴做的事”，或者采取一种不顾一切的态度。自己要战胜自己的情绪，证明自己有控制自己命运的能力，就必须学会自我控制。如果任凭情绪支配自己的行动，那么自己就成了情绪的奴隶。作为一个人，没有比被自己的情绪所奴役更不自由的了。

我们每个人都在通过努力做使自己生活得更有意义的事，并且向着未来的目标奋进。但是，生活在现实的世界中，我们绝不应该采取仅使今天感到愉快的态度而丝毫不顾及明天可能发生的后果。我们的情绪大都容易倾向于获得暂时的满足，所以我们要善于自我约束。

必须注意的是，那些使我们能获得暂时满足的事，通常就是对我们长期的健康、快乐和成功最有害的事情。因此，在追求一种有意义的生活时，我们应当努力预测自己所从事的事情对将来可能产生的后果。

不可否认，人是有欲望和需求的，但如果对欲望和需求不加以约束和克制，欲望就会自我膨胀。对权力、名誉、金钱等的欲望，都是人生活在社会中，受到社会环境的影响产生的，也最能对人的情绪产生影响。道家所提倡的“清心寡欲”是对待欲望的一种方式，而相反，如果不加克制地任由欲望膨胀，其结果当然只会增加伤害。

除了欲望，人还有惰性心理以及消极心态，这些都将影响到人的情绪。

自律是立志成大事者必须具备的能力和条件。从本质上讲，自律就是在你被迫行动前，有勇气去做你必须做的事情。自律往往和你不愿做或懒于去做但却不得不做的事情相联系。“律”既然为规范，当然是因为有的行为会超出这个规范。比如，刷牙洗脸是每天必须要做的事情，但若有一天你因筋疲力尽而倒头就睡，那就是在放纵自己的行为；如果你克服身体上的疲惫，坚持进行洗漱，便是自律的表现。人们往往会遇到一些令自己讨厌或使行动受阻挠的事情，在这种情况下就应该克服它对情绪的干扰，接受考验。

自律有两种情况：一是去做应该做而不愿或不想做的事情；二是不做不能做、不应做而自己想做的事情。做到了这两点就能问心无愧、坦坦荡荡，情绪也会变得开朗而积极。

付出了同样的努力，有人成功了，有人则失败了。他们可能都知道成功的途径，但他们之间有一个主要的不同，即成功者总是约束自己，去做正确的事情，而不成功的人总是让自己的感情占上风。正如有人所说："我的预见很少出错，但我却常常做错事。"要具备自我约束的能力，必须不断地分析自己的行动可能带来的最长期的影响，必须抑制人的感情的冲动。感情冲动地行事，会陷入一种失去控制的危险状态。例如：当一大群人朝着一个方向行走，而你的理智或常识告诉你那是一个错误的方向时，你自我约束的能力此时就受到了考验。这时也正是你必须运用自我约束的力量压倒你从众时那种短暂的舒服感受的时刻，要提醒自己，这个"从众"从长远看并不一定都正确。战胜自己之后，你的情绪控制能力也将得到跃升。

千万不要纵容自己，给自己找借口。对自己严格一点儿，久而久之，自律便成为了一种习惯，一种生活方式，你的人格也因此变得更完美。

如果一个人经常生气，建议你最好改变这个习惯。下面的建议也许能帮助你彻底赶走怒气：首先要闭上嘴，因为盛怒时的舌头像把利剑，容易刺伤人。接着深呼吸，强迫心跳、血压恢复正常状态。然后离开现场去活动身体、打球或做体操，让怒火慢慢平息。

为了避免情绪失控带来的种种损失，应该在平时养成记录情绪的习惯，每天分几个时段记录，并写下动怒的原因。这种训练主要是为了自我察觉和检测怒气。当发现情绪温度太高时，就赶紧做准备，警告自己冷静。

除了察觉情绪，还应该学习从宏观层次看人生的挫折，才能真正不起怒气。

怒气是不可以长期积压的。

美国情绪管理专家帕德斯建议合理宣泄怒气应遵循以下 7 个步骤：

(1) 认清怒意。

(2) 找出生气的对象。

(3) 站在“肇事者”的立场想，为他寻找合理的理由；告诉自己：“那个找我麻烦的家伙搞不好遇上了什么烦恼，日子不好过。”

(4) 数数到 10 或以别种方法放松精神。大部分心理专家都同意，报复式心态的发怒，一点好处都没有。

(5) 以不攻击的方式，将不满表达出来，与其说“你错了，你简直离谱”，不如说“我觉得受伤，你的所作所为没有考虑到我的需要”。

(6) 倾听。这一步很难，但这是解决问题的关键。

(7) 宽恕。借着宽恕，会让你深深觉得，爱才是人际关系的主宰。

要拿得起，还要放得下

在适当的时候勇敢地当然也应该是有智慧地放弃已拥有但可能成为前进障碍的东西，之后你多半会惊讶地发现，自己抛开的不过是一把虽能遮风挡雨但会阻碍视线的雨伞，自己因此看到的却是更加广阔、更加壮丽的江山图景。

做事的智慧

有一个人一手拿着一只花瓶前来拜见三祖寺的宏行法师。

法师对他说："放下！"

那个人于是把他左手拿的那只花瓶放下了。

法师又说："放下！"

那个人于是把他右手拿的那只花瓶也放下了。

法师还是对他说："放下！"

那个人说："法师，能放下的我已经都放下了，我现在两手空空，没有什么可以再放下了，您到底让我放下什么呢？"

法师说："我让你放下的，你一样也没有放下；我没有让你放下的，你全都放下了。花瓶是否放下并不重要，我要你放下的是心中的杂念。你的心已经被这些东西填满了，只有放下这些，你才能从生活的桎梏中解放出来，才能赢得真正的生活。"

那个人终于明白了，点了点头。

宏行法师最后说："'放下'这两个字听起来容易，做起来却很难。有的人追求功名，他放不下功名；有了金钱，就放不下金钱；有了爱情，就放不下爱情；有了嫉妒，就放不下嫉妒。世人有几个能真正做到'放下'呢？"

专家点评

命运永远掌握在强者手中，也许你曾经失去过，但失去后，你学会了珍惜；也许你曾经失败过，但失败后，你学会了坚强。看得开、站得住，是成大事者应该具备的内在品质。每个人都要在不利情况下学会吃亏，懂得舍弃和忍耐，不因一时一事之冲动影响大局。

做事的禁忌

有位名叫原坦山的高僧，他常和友人云游天下。一年夏天，原坦山和好友旅行到东海，看到一位年轻貌美的小姐站在河边，被河挡住去路，不知所措。

原坦山看到这种情形，就向那位小姐走去，说："抓牢我，我帮你过河。"于是，他就将满面羞容的小姐一把抱起来，渡过河去。

这时，站在一旁的友人却很不高兴，嘴里嘀咕道："出家人连女性的头发都碰不得，现在你竟然大胆地抱着美貌的小姐，实在太不应该了！"说完便生气地独自先走了。

原坦山紧赶了三里路，才追上友人。他问道："哎！你怎么不声不响地先走了？"

友人生气说："你真不像话！也不想想你是和尚，竟然抱着年轻的女子过河，成何体统！"

原坦山回答说："我已经在河的对岸把她放下了。你竟然到现在还惦记着。"友人无言以对，万分羞愧。

专家点评

在成败得失之间，应该拿得起、放得下。因此当有什么事情发生时，不妨不忧不喜，坦然面对。

举一反三

1998年长江实业集团周年晚宴上，李嘉诚说："好的时候不要看得太好，坏的时候不要看得太坏。"这句话是李嘉诚人生修炼至最高境界的体现，也就是"拿得起、放得下"。

歌德说："一个人不能永远做一个英雄或胜者，但一个人能够永远做一个人。"这里"做一个英雄或胜者"指的便是"拿得起"时的状态，而"做一个人"便是"放得下"时的状态。

不要感叹自己缺少什么，能够放下自己手里拥有的东西的人，才是一个真正有智慧的人。

非洲土著人用一种奇特的狩猎方法捕捉狒狒：在一个固定的小木盒里面，装上狒狒爱吃的坚果，盒子上开一个小口，刚好够狒狒的前爪伸进去，狒狒一旦抓住坚果，爪子就抽不出来了，因为狒狒有一种习性，不肯放下已经到手的东西，所以人们常常用这种方法捉到狒狒。

人们总会嘲笑狒狒的愚蠢：为什么不松开爪子放下坚果逃命？审视一下我们自己，也许就会发现，并不是只有狒狒才会犯这样的错误。

一本名为《与神为友》的书中写道："我不会'抓紧'任何我拥有的东西！我学到的是，当我抓紧什么东西时，我才会失去它，如果我'抓紧'爱，我也许就完全没有爱，如果我'抓紧'金钱，它便毫无价值，想要体验'拥有'任何东西的唯一方法，就是将它'放掉'。"

其实，每天发生在我们周遭的很多悲剧，往往就是由无法放下手中已经拥有的"东西"所酿成的：有些人不能放下金钱，有些人不能放下爱情，有些人不能放下名利，有些人则是不能放下不应该执著的执著。

然而，如果你能够领悟"放下"的道理，你将会有一种如释重负的感觉。因为只有懂得放下，才能掌握当下。更何况，人生在世，如果不能把一些不是很必要的东西放下，你的"人生行囊"将很快就没有空间去搁置你真正想要的东西。

不要永远背着过去的包袱，放下它。佛家常说："人生最大的幸福是放得下。"拿得起是一种勇气，放得下是一种度量。对于人生道路上的鲜花与掌声，有处世经验的人大都能等闲视之，屡经风雨的人更有自知之明。但对于坎坷与泥泞，能以平常心视之，就非易事。大的挫折与灾难，能坦然承受，这就是一种度量。佛家以大肚能容天下之事为乐事，这便是一种极高的境界。"既来之，则安之"是一种超脱，但这种超脱又需要多年磨炼才能养成。拿得起，实为可贵；放得下，才是做人的真谛。

其实，只要人活着，生活还是生活，每一天都是我们要闯过去的河，如果你怨恨失败，你就会在怨恨中后悔一生。生活中，你除了会被自己打败，别人永远击不垮你。人生下来就有一副铮铮铁骨，只是有的人被人生中的困难磨平压垮，有的人则更加坚韧挺拔。如果我们能调整好心态，能把自己的人生视为一个奋斗不息、勇往直前的过程，我们就会对生活充满希望。这就要做到"拿得起，放得下"。

在通常情况下，"放得下"主要体现于以下几方面：

(1) 感情能否放得下。人世间最说不清、道不明的就是一个"情"字。凡是陷入感情纠葛的人，往往会理智失控，"剪不断，理还乱"。若能在感情方面放得下，可称是理智的"放"。

(2) 名声能否放得下。据专家分析，高智商、思维型的人，患心理障碍的比率相对较高。其主要原因在于他们一般都喜欢争强好胜，对"名"看得较重，有的甚至爱"名"如命，累得死去活来。倘若能对名"放得下"，就称得上是"放"。

(3) 钱财能否放得下。李白在《将进酒》诗中写道："天生我材必有用，千金散尽还复来。"如能在这方面放得下，那可称是非常潇洒的"放"。

(4) 忧愁能否放得下。现实生活中令人忧愁的事情实在太多了，就像宋朝女词人李清照所说的："才下眉头，却上心头。"忧愁可说是妨害健康的"常见病""多发病"。狄更斯说："苦苦地去做根本就办不到的事情，会带来混乱和苦恼。"泰戈尔说："世界上的事情最好是一笑了之，不必用眼泪去冲洗。"如果能对忧愁放得下，那就可称是幸福的"放"，因为没有忧愁确是一种幸福。

人生要明白舍得的道理，有舍才有得，小舍小得，大舍大得，不舍不得。有些亏必须要吃，有些委屈必须咽下去，这样对自己的未来才更有益处。得到的时候不狂喜，失去的时候不大悲，才是一个人应该具备的真本色.

陈忠实的小说《白鹿原》中有这么一段话“世事就是俩字：福祸。俩字半边一样，半边不一样，就是说，俩字相互牵连着。就好比箩面的箩筐，咥当摇过去是福，咥当摇过来就是祸。”多么浅显而富有哲理的话啊，形象地说明了祸福之间相依相存的关系。

西方也流传着一个关于祸福相依的故事：传说在很久很久以前，有一个人希望上天能赐予他幸福。因此他日复一日，年复一年，虔诚地向上天祈祷，终于，他的诚心感动了上天。一天晚上，他祈祷完之后，听到有人敲门，开门一看，门外有一位美如天仙的姑娘。

美丽的姑娘看见他之后，就自我介绍说：“我是幸福女神，专门负责人间的幸福，因为你的祈祷感动了上天，所以上天派我来给予你幸福。”

这个人听了以后十分高兴，连忙邀请幸福女神进屋去坐，幸福女神笑着说：“别着急，我还有一个形影不离的妹妹，你也认识一下。”说着就让站在暗处的妹妹出来，当这个人看清她的样子以后，被这位丑陋的姑娘吓得面无人色，差点晕倒。

他战战兢兢地问幸福女神：“这位姑娘真的是你的妹妹吗？”

幸福女神严肃地说道：“她确实是我的妹妹，是黑暗女神，专门负责掌管人间的不幸。”

这个人听了以后连忙恳求幸福女神：“我只希望您能赐予我幸福，黑暗女神所掌管的不幸我还是不要了，请她暂时离开一下好吗？”

幸福女神拒绝了他的要求，她说：“你的要求我不能接受，因为我和我的妹妹从小到大都是形影不离的。”这个人听了以后十分为难，不知道如何才好。

这时，幸福女神有些不耐烦了，她说：“如果你还难以决定，那我们就告辞了。”当这个人还在进退两难的苦恼中时，她们很快就消失了，临走前，幸福女神感叹地说：“贪婪无知的世人，难道你们就一点都不了解幸福和不幸的关系吗？”

这个故事很清楚地说明了一个道理：任何事物都不是绝对地只有一面，福与祸也是一个事物的两面，是分不开的。幸福也好，不幸也罢，很可能就是一念之差。懂得了这个道理，面对祸福时就会坦然和从容一些，否则一味地趋福避祸反而会受到福祸的捉弄，即使幸福来临，也来不及把握，转眼就会失去。

得失本是人生常事，一切当如徐志摩说的那样“得之吾幸，不得吾命”，不要太为物役，就会少许多烦恼。

别做金钱的奴隶，要做金钱的主人

世界有赚不完的钱，人生有走不完的路。把自己当成赚钱的工具不如在生存中创造快乐；把金钱视为人生的终极目标不如在发展中享受人生。金钱不是万能的，你所有的财富买不到一天的时间，人活着不是为了赚钱，学会享受人生，活着才有价值。

做事的智慧

石油大王洛克菲勒是美国19世纪的三大富翁之一。洛克菲勒享有98岁高寿，他一生至少赚进了10亿美元，捐出的就有7.5亿，但他平时花钱却十分节俭。

有一次，他下班想搭公车回家，缺一美元，就向他的秘书借，并说："你一定要提醒我还，免得我忘了。"

秘书说："请别介意，一美元算不了什么。"洛克菲勒听了一本正经地说："你怎能说算不了什么，把一美元存在银行里，要整整十年才有一美元的利息啊!"

这位亿万富翁对金钱的看法是：我非但不做钱财的奴隶，而且要把钱财当做奴隶来使用。

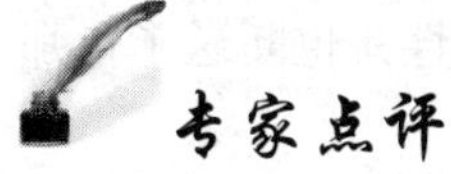

守得住清贫，不贪、不占、不偷、不抢，这是做人最起码的准则。要想过上富足的生活，就要依靠自己的才能去努力创造，有了钱，你可以享受世上许多美好的事物，但也因为有了钱，许多不愉快的事也会随之而来。得失之间，全凭个人的感受来衡量。

做事的禁忌

一个人花了50万元买了一块由制表名匠亲自加工的镶满钻石的手表，他对这块表爱不释手。为了防止歹徒抢劫，他还特地雇用了一名保镖。

有一次，这个人乘火车到外地去，他对这块手表很小心的样子，让所有人都一眼能看出，这是一块十分名贵的手表。因此在上火车前，他就被歹徒盯上了。由于人多眼杂，歹徒一直没有机会动手。

火车快要开了，这个人在靠近窗口的地方坐下，戴手表的左手放在窗台上。就在火车慢慢加速开动的时候，一件意料不到的事情发生了：歹徒用准备好的一把快刀，将这个人佩戴钻石手表的左臂硬是活生生地砍了下来，这个人又痛又怕，送到医院时已没了命。

专家点评

为了一块手表，竟然连性命也搭上了。钱乃身外之物，生不带来，死不带去，所以别太在乎。一旦因钱把性命也断送了，那么再多的钱也没用了。

大量事实告诉我们，避开金钱的诱惑和熏染，我们可以看到大片阳光明媚的土地，而一旦被金钱遮住双眼，眼前则一片黑暗。

举一反三

有人说“金钱既是可憎的，又是可爱的。”其实，钱的本身既谈不到可憎，也谈不上可爱。不同的人出于自己的经历与观点，对金钱或憎或爱，或兼而有之，都带着个人的因素，个人的情感，这是很自然的。但是在对金钱作正确判断时，就不能不抛开这一切，只能“就钱谈钱”。日本作家森村诚一再说：“钱仅仅是价值的标志，由此而满足各种欲望才有实际价值，只有使用才叫钱。”

金钱是为了使用而存在的，如果将钱储存起来而不使用，则金钱就等于一堆废物。

如果把钱花光了，与其心疼、烦恼，不如从明天开始更努力地工作。对一个人来说，拥有这种心态更重要。

人，不仅生活在物质与经济层面，也生活在精神与道德层面。二者有对立也有一致的地方。一概排斥金钱，似乎越穷越光荣，那是一种变态心理；同样，金钱至上，唯利是图，不仅会导致道德水准的下降，也会使既得的利益化为乌有，即所谓的“物极必反”。

有一对夫妻，从结婚开始，二人便联手奋斗，努力工作，力争摆脱贫穷。几年后，手头略有积蓄，购置了房产，两人却为争夺所有权而反目，彼此猜忌，互相伤害，恩爱夫妻顿时化做怨偶，不久后便分道扬镳。还有一位男士，在房产地价飞涨后，却一反过去俭朴的生活，纵欲于声色场所，没过几年就家庭破碎，钱也花光了。

富兰克林说：“我深信一个人用自己的才智努力工作赚钱致富是正当的，但要记得慷慨地跟别人分享，然后恬淡地走开。”这是人生的一大快事。能赚钱，取之有道，肯施予，用得恰当，这是人格健康和自我实现的表现。

金钱无人不喜爱，无人不求取，但是获取钱财时，必须通过合乎规则、被社会允许的正当的渠道进行。孔子说：“君子爱财，取之有道。”这个道，就是正道。

我们可以通过以下四条正道来获取财富：

第一条道：勤奋。

“少壮不努力，老大徒伤悲”。努力的基本表现就是勤奋劳作，即持续不断、日积月累、争分夺秒、不辞辛苦，不“三天打鱼，两天晒网”，不饱食终日而无所事事，不贪图安逸而逃避艰难。勤奋劳作是增加收入、积累财富的可靠手段，是个人及家庭财富的基本来源。并且，勤奋劳作是被社会积极倡导的正当的求取钱财的行为。它不违法、不乱纪、不悖德、不伤害和冒犯他人利益，所以，古往今来人们都赞许“勤劳致富’、“勤劳发家”的行为。

第二条道：节俭。

节俭不是节省，而是珍惜钱财器物，它和奢侈浪费、铺张排场、大手大脚等行为是格格不入的。中国人历来倡导节俭，把节俭作为积财成富、兴家立业之根本；同时也把节俭作为做人修身、拒腐防变之美德，向社会的一切领域推广。

第三条道：冒险。

“舍不得金弹子，打不着金凤凰”。在机会面前，有时候需要选择以冒险行为而求取钱财的方式。冒险需要付出代价，代价越高，风险越大，则获得的可能性会越大。

第四条道：团结。

“众人一条心，黄土变成金；一人一条心，穷断骨头筋”。中国人历来倡导合作与团结，反对争斗与分裂，认为“家和万事兴”，把同心同德、齐心协力作为获取财富的行为的基本规范加以恪守奉行。

赚钱是创造财富，但要取之有道；用钱是享受福报，但要运用得宜。要注意不被金钱所误，要当金钱的主人，不要当金钱的奴隶。

5 果断地作出决策，不要优柔寡断

有的人面对困难，左顾右盼，顾虑重重，看似考虑周全，实际上毫无头绪，不但分散了同困难作斗争的精力，更重要的是会销蚀同困难作斗争的勇气。果断的性格，能使我们在遇到困难时，抛弃不必要的犹豫和顾虑，勇往直前。

果断表现为沿着明确的思想轨道，克服犹豫和动摇，坚定地采纳在深思熟虑基础上制定的克服困难的办法，并立即行动起来。

做事的智慧

1875 年春的一天，美国实业家亚默尔像往常一样在办公室里看报纸，一条条的小标题从他的眼中溜过去。突然，他的眼睛放出光芒：墨西哥可能出现了猪瘟。

亚默尔立即想到：如果墨西哥出现猪瘟，就一定会从加利福尼亚、得克萨斯州传入美国，一旦这两个州出现猪瘟，肉价就会飞快上涨，因为这两个州是美国肉食生产的主要基地。

他的脑子正在运转，手已经抓起了桌子上的电话，问他的家庭医生是不是要去墨西哥旅行。家庭医生一时间弄不清什么意思，满脑子的雾水，不知怎么回答。

亚默尔只简单地说了几句，就又对他的家庭医生说："请你马上到野餐的地方来，我有要事与你商议。"

原来那天是周末，亚默尔已经与妻子约好一起到郊外去野餐，所以，他把家庭医生约到了他们举行野餐的地方。

他、他的妻子和他的家庭医生很快聚集在一起了，他满脑子都是钱，对野餐已经失去了兴趣。他最后说服他的家庭医生，请他马上去一趟墨西哥，证实一下那里是不是真的出现了猪瘟。

医生很快证实了墨西哥发生猪瘟的消息，亚默尔立即动用自己的全部资金大量收购佛罗里达州和得克萨斯州的肉牛和生猪，并很快把这些东西运到了美国东部的几个州。

不出亚默尔的预料，瘟疫很快蔓延到了美国西部的几个州，美国政府的有关部门令一切食品都从东部的几个州运往西部，亚默尔的肉牛和生猪自然在运送之列，由于美国国内市场肉类产品奇缺，价格猛涨，亚默尔抓住这个时机狠狠地发了一笔大财。在短短的几个月内，就足足赚了 100 万美元。

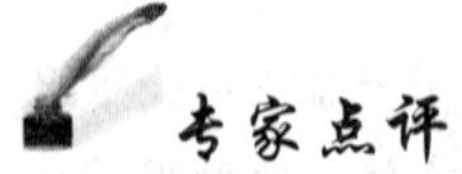

专家点评

亚默尔之所以能够赚到这样一大笔钱，就是因为他能在发现商机时果断出击。

做事的禁忌

华裔电脑名人王安博士声称影响他一生的最大教训，发生在他 6 岁之时。

有一天，王安外出玩耍。当他路经一棵大树的时候，突然有什么东西掉在他的头上。他伸手一抓，原来是个鸟巢。他怕鸟粪弄脏了衣服，于是赶紧用手拨开。

鸟巢掉在了地上，从里面滚出了一只嗷嗷待哺的小麻雀。他很喜欢它，决定把它带回去喂养，于是连鸟巢一起带回了家。

王安走到家门口时，忽然想起妈妈不允许他在家里养小动物，所以，他轻轻地把小麻雀放在门后，看了看，才走进室内。他打算请求妈妈，允许他养那只小麻雀。

在他的苦苦哀求下，妈妈破例答应了儿子的请求。

王安兴奋地跑到门后，不料，小麻雀已经不见了。一只黑猫正在那里意犹未尽地舔着嘴巴。王安为此伤心了好久。

专家点评

这件事给我们的教训是：只要是自己认为对的事情，绝不可优柔寡断，必须马上付诸行动。

举一反三

果断决策的习惯对一个人的成功来说非常重要，准备成功或即将成功的人经常要冒险做出不成熟的判断或采取不利的行动。

成功者认为，偶尔做出错误的决定，总比从不做决定要好。让一个人形成果断决策的个性，是成长中道德和意志训练方面最重要的工作。所以，如果你看到那些犹豫不决的平庸者，请离他们远一点，因为关键时刻的优柔寡断只能带来灾难性的后果，而果断决策则使许多成功人士渡过了危机和难关。

果断是指一个人能适时地采取经过深思熟虑的决定，并且彻底地执行这一决定，在行动上没有任何不必要的踌躇。如果有了成熟的想法就要付诸行动，边做边寻找机会，边做边创造条件，边做边修正，边做边完善。只要大方向是对的，也许最初看起来没有希望的事，最终就有了好的结果。

果断的性格，能够帮助我们在执行工作和学习计划的过程中，克服和排除同计划相对立的思想和动机，保证计划的彻底执行。思想上的矛盾冲突和精力的分散，是不果断的人的重要特点。这种人没有力量克服内心互相矛盾的思想和情感，在执行计划的过程中，尤其是在遇到困难时，往往长时间地苦恼着怎么办，怀疑自己所做决定的正确性，担心决定本身的后果和实现决定的结果，总是往坏的方面想，犹犹豫豫，因而无法专心地执行计划。而性格果断的人，则能坚定有力地排除上述这种胆小怕事、顾虑过多的庸人自扰，把自己的思想和精力集中于执行计划本身，从而加强执行计划、实现目标的能力。

果断的性格，可以使我们在形势突然变化的情况下，能够很快地分析形势，当机立断，不失时机地对计划、方法、策略等做出正确的改变，能迅速地应对变化的情况。而优柔寡断者，一旦形势发生变化就惊慌失措、无所适从，他们不能及时根据变化了的情况重新做出决策，左顾右盼或等待观望，以致错失良机。

果断的性格，是在克服胆怯和懦弱的过程中形成的。果断要以果敢为基础，特别是在情况紧急时，要求人们当机立断，迅速地执行决定。比如在军事行动中就需要这样，因为战机常在分秒之间，抓住战机就必须果断。

果断的性格，要从干脆利落、斩钉截铁的行为习惯开始养成。无论什么事情，不行就是不行，要做就坚决做。生活中不少事情确实既可以这样又可以那样，遇上这样的小事，就不必多加考虑，大可当机立断。否则，连日常的生活琐事都拖泥带水，又怎么能够培养出果断的性格呢？

果断的性格，还必须排除各种内外因素的干扰。果断不是一时冲动，它必须贯穿于行动的三个环节，即确定目标、制订计划和执行计划。在确定目标的时候需要进行与各种动机的斗争，这时果断表现为能够抑制和目的相反的因素，抑制错误的动机，保证做出正确的决定。但在做出决定后，还会有许多因素不断地动摇我们的决心，如舆论、压力、困难、各种诱惑等。周围的人可能会对我们的决心评头论足，来自各个方面的压力都有可能使我们对已经做出的决定产生动摇。并且，在执行决定时排除内外干扰的果断性，有时比确定目标和初下决心时的果断性还要难。因此，在执行决定的时候一定要果断，要养成决心既下就不轻易改变的习惯。

要注意把果断和武断加以区别。有的人刚愎自用，自以为是，遇到事情既不调查研究也不深思熟虑，就说一不二地定下来并贸然行动。这种人表面看似果断，实际上只是武断，这同果断南辕北辙。果断并不排斥深思熟虑和虚心听取别人意见，恰恰相反，正因为多想、多问、多商量，才能使人们对事情更有把握，从而更加果断。而自以为是、主观武断的人，有果断的外表，无果断的实质，往往把事情办糟，因此我们应当尽力避免武断。

犹豫不决是做事的大忌，它甚至连轻举妄动还不如。只要你行动，就有成功的可能，哪怕你是轻举妄动、误打误撞。但犹豫不决则不然，怕失败就永远得不到成功，一次次地错失良机，实际上就是一种失败。

我们需要提高自己的判断力，也要提高自己的决断力，当断则断。判断力是处理任何重要事件所必需的。除了事实本身的真实状况外，它应不受任何影响。有的人虽然能力出众，却毁于这样一个小小的个性弱点，尤其是当他在其他方面的能力都很强的时候。这是人生的悲剧。

威廉·沃特说："如果一个人永远徘徊于两件事之间、对自己先做哪一件犹豫不决，他将会一件事情都做不成。如果一个人原本做了决定，但在听到自己朋友的反对意见时犹豫动摇、举棋不定，那么，这样的人肯定是个性软弱、没有主见的人，他在任何事情上都只能是一无所成，无论是举足轻重的大事还是微不足道的小事，概莫能外。他不是在一切事情上积极进取，而是宁愿在原地踏步，或者说干脆是倒退。古罗马诗人卢坎描写了一种具有恺撒式坚忍不拔精神的人，实际上，也只有这种人才能获得最后的成功。这种人首先会聪明地请教别人，与别人进行商议，然后果断地决策，再以毫不妥协的勇气来执行他的决策和意志，他从来不会被那些使得小人物们愁眉苦脸、望而却步的困难所吓倒。这样的人在任何一个行列里都会出类拔萃、鹤立鸡群。"

机会其实就在你身边，就看你会不会去发现和创造。每扇机会之门，都有一把打开它的钥匙，但是，这一把钥匙不在别处，而在每个人的心里。机会看似遥不可及，但思维角度一转换就近在咫尺！在你得到第一个机会之前，要想办法做好一件事来展示你的能力。假如你通过行动做了一件乃至几件让人佩服的事，就会受到他人的重视，从而赢来第一个机会。之后，机会还能带来机会，成功会继续造就成功！抓住机会也像一切冒险一样，你必须先放弃事前不确定的输赢，去探求你没有一定把握的下一步。

世界上每一位成功的商人都是“风险管理家”，他们不会因为风险而放弃千载难逢的成功机会。很多时候，仅仅因为一个机会，他们就会一举成功。

要做到多谋善断，需注意以下几点：

(1) 要想成功就要冒险。在聪明人眼中，冒险并不是做了什么天大的抉择，而是咬紧牙关，不管多么困难，一定要有赢的决心。成功最大的成就感也源自于此。

(2) 立即行动。很多人都能想出好的主意，而能否成功的关键则在于是否立即行动。在深思熟虑做出决断之后，果断的人立刻就会投入行动，因为他们深知：要成功就要积极行动，因为只有行动才会产生成果。有非常多的人这么想：“成功始于想法！”但是，只有这样的想法却没有付出行动，还是不可能成功的。所有的成功者在追求成功的过程中，都是永不停歇地跋涉着，并显示出非凡的能力。即使涉及重大的事情，他们的行动也要比我们想象的快得多。

(3) 要向自己确立的目标迈进。智者会首先明确自己的目标。设定目标是提升效率的第一步，目标有助于你很好地进行自我管理，从而使工作条理化。有序的工作能够够节省时间，并且能够激发潜能，从而大大提高工作效率。

(4) 明确自己今天该做的工作。最简单的方法就是把当天要做的事情列一个清单，按轻重急缓排序，然后一一去做。

(5) 理想的时机并不存在。那些幻想理想时机存在的人具有丰富的想象力，总是幻想着一个理想的时机。他们大部分人都犯下了等待理想时机到来的错误，而这只是一个美丽的借口。通常来说，理想时机就是从现在开始，一步一个脚印地走下去，直至实现自己的理想。

6 顺应事态，做到事半功倍

众所周知，修建渠道引水要利用水由高向低的趋势，使水从渠道源源不断地流进农田。所以，只有正确地分析地形，恰当地利用趋势，才能让引水灌溉获得成功。

趋势无所谓大小，大可大到类似互联网这种时代趋势，小可小到当地村镇的一些人消费的趋势。不顺应趋势，付出得再多，也只是事倍功半，甚至付出得越多，损失得越多。

做事的智慧

李安是北京人，出生于知识分子家庭。大学毕业后，她被分配到北京炼焦化学厂教育科任职，每天循规蹈矩地工作，但她不想要这样的生活。1987 年，极富挑战精神的李安离开了单位，开始涉足广告业。她从最底层做起，凭着努力和悟性，迅速升至经理、公司副总裁，由一名对广告不甚了解的普通业务员成长为一个真正的广告人。

工作环境和高薪水曾令不少人羡慕，但李安却没有眷恋，她决心去美国留学。这一切都源于父亲对她的启发和鼓励。

出国前，父亲拿出一个杯子放在桌上，又拿出一串钥匙，让它从杯口沉到杯底；然后又拿起钥匙举高，松手让它落在桌上，这时发出非常大的声响。父亲解释说："势能越大，动能也越大，能量是守恒的。同样，做事的时候也需要积累能量，你的生活目标越远大，目标越高远，你所拥有的动能越大，让你成就的事业也就更远大。"李安后来回忆说，父亲的这些话影响了她的一生，是她一生中最宝贵的精神财富。

在父亲的鼓励下，李安于 1993 年进入华盛顿大学进修商业经济管理。一年半后，她受聘于著名的投资公司——环球发展集团，成为副总裁，并被委派回国任驻中国首席代表。

1994 年 7 月，李安回到北京上任。在回国前，老板把她叫到办公室让她去美甲。李安不解，美甲有这么重要吗？老板怎么在这种小事上这么认真？于是，她第一次走进了美甲店做指甲。让她始料未及的是，美甲以后的感觉竟出奇地好。她以前并不在意自己的双手，可现在她发现自己美甲后的手既美丽又优雅，让自己又平添了一份自信。这时她才想到，在美国几乎每个女人都美甲，美甲店很普遍。她也明白了，美甲不仅是美丽的象征，更是一个女性个人修养的表现。在美国，素面朝天被人们认为是没有礼貌的，而不美甲便是一个女人不注重个人细节的表现，美甲已经成为女人们参加聚会和商务谈判的必修课，也是一个有身份的女性的标志。

回国后，她的指甲长长又该修了，可跑遍了北京也没找到一家美甲店。敏锐的她感觉到，中国内地的美甲市场依然是一片空白，但未来中国的女人们也一定会注重美甲，美甲具有很大的潜在市场。为此她作出了一个大胆的决定：紧抓趋势，第一个吃螃蟹！她马上选择了美国最著名的美甲学校，废寝忘食地学习了3个月。在掌握了全部美甲技能后，她毅然递交了辞职报告。她放弃了副总的职位，回国开起了美甲店。

1995年11月，她创办了安丽泰乐玉指文化艺术有限责任公司。她以独到的眼光，发现并制造了潮流趋势，开拓了市场，从而取得了巨大的成功。随后她又创办了安丽泰乐职业技能培训学校，把美甲艺术上升到文化的高度，以办学的方式将美甲艺术广泛传播到全国各地，并不断根据社会索求及时调整办学思路，使课程设置、办学方法、学员培训与国际美甲业前沿接轨。

李安的成功在于她敏锐地发现了一个新的美容领域。爱美是人的天性，她正确地判断并掌握了美甲势必也会在中国流行的趋势，毅然放弃原有的事业，踏入新的领域，从而走了上自己的成功之路。

做事的禁忌

一年夏天，台北兴起了一股“葡式蛋挞热”，这股葡式蛋挞风来势汹汹，一出现便几乎席卷了全台北市，整个台北市民疯狂争购。一时间，号称“正宗葡式蛋挞”的店一家接一家地开张。当地的民众对这种新鲜的食品十分好奇，都纷纷争着去尝试。他们不辞辛劳地排长队抢购，甚至出现了因久等没有买到而愤怒地破坏蛋挞店的恶行。这种疯狂，让人咋舌。

很多商人嗅到了商机，大街小巷的面包店纷纷推出了“正宗葡式蛋挞”，而其价格比专卖店还便宜。这种恶性竞争愈演愈烈，狂热逐渐冷却下去后，很多投资葡式蛋挞的人血本无归。投入的葡式蛋挞台湾代理权押金和开设店面的投资，一去无回；从国外进口的机器设备，也都不可避免地成为了破铜烂铁；多余的人力导致了裁员，不少蛋挞店的员工沦为失业者。

这种流行风在台湾不是第一次出现，早年流行的养殖“十姐妹”鸟、金鱼，到最近几年的抓“娃娃鱼”、开设“天津狗不理包子”连锁店，都如昙花一现，即成过眼云烟。

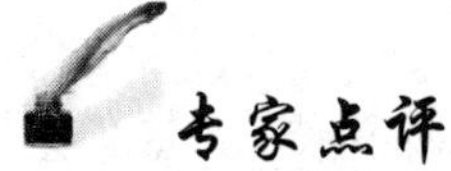

专家点评

第一批做蛋挞的人抢了先机，赚得盆满钵满，而那些盲目跟风的人却血本无归。因为先做的人抓住了民众“物以稀为贵”的心理，所以这时候的消费需求趋势是上升的。而到呈现盛况时，葡式蛋挞俯拾皆是，怎么还会值钱呢？消费者好奇、新鲜的心理热潮冷却后，还有多少人肯排队买葡式蛋挞呢？一旦乏人问津，赔本倒闭自然就是情理之中的事了。

只看到现象而看不清趋势盲目跟风，最后只会成为受害者。因此，要想成功就一定要掌握趋势。

举一反三

每个人都有自己的生存之道，这里的“道”就是“套路”，也就是我们平常说的“策略”或“方法”。

生活中可以看到这样两种人：一种人，勤勤恳恳，每一件事都付出百分之百的努力，但收效甚微，这是事倍功半的人；一种人，不管多难的事都能举重若轻，花的时间少，耗费的精力也少，但完成的工作质量却是极高的，这就是事半功倍的人。

做事讲套路是一种能力。工作中，处置不同的情况，需要因时因地制宜，做出不同的决策。做事时，需要一种求实的态度和科学的精神，在任何情况下都要按科学规律办事，自觉用理智战胜冲动，用巧干代替蛮干。这才是职场成功的捷径，不能深刻理解这一点，将事倍功半。

怎样才能做到事半功倍呢？其实，一点儿都不难，只要你坚持以下几种思维方式和能力的养成，对你找到工作的诀窍将大有帮助，从而提高工作效率。

(1) 态度决定一切。敬业精神要求我们以职业的态度来对待我们的工作，这样才能专注于我们的工作，把工作当成乐趣。乐于工作，往往会因此而在积极思考中找到解决问题的良方。

(2) 信息第一。收集与工作相关的各类信息资料，包括竞争对手的信息，这将有利于我们在工作中迅速找到问题的症结。任何成熟的业务流程本身就是很多经验和教训的积累，需要时能够信手拈来，将大大提高我们的工作效率。

(3) 多做逆向思考。工作中遇到问题，一时找不到解决方法时，不妨多做逆向思考。很多优秀员工都擅长用逆向思维拓宽眼界，探索解决问题的途径，找出问题的关键。他们敢于想别人不敢想，经常能够化繁为简，得到人意料的效果。

(4) 站在对方的立场看问题。在考虑解决问题的方法时，我们通常站在自己职责范围的立场上思考问题，但真正懂得技巧的人总会自觉地站在公司或老板的立场去思考解决问题的方法。无论老板还是员工，解决问题的出发点首先应该是如何避免类似问题的重复出现，而不是“头疼医头，脚疼医脚”那样就事论事。站在对方的角度去考虑解决方法，才能真正彻底地解决问题，也更容易赢得别人的信任。

(5) 善于总结。不难发现，事半功倍者对问题的分析、归纳、总结能力比常人强，他们总能找出规律并善于运用它，从而达到事半功倍的效果。因为熟能生巧，丰富的经验积累能增强我们的办事能力。

比尔·盖茨说：“要成功一定要眼光好……在信息时代，掌握资讯并不是最重要的，抓住未来趋势才最重要。”当今时代，能否具有敏锐的眼光从而顺势而走，这是成功最重要的因素。

如何具有敏锐的眼光从而抓住趋势呢？以下几点建议可供参考：

(1) 经常关注时事和国家政策，分析政策的变化将会带来的市场变化趋势。

(2) 经常关注资讯，尤其是新鲜事物的资讯，包括国外、国内的资讯。

(3) 培养自己对新观念、新事物的兴趣，并经常探寻那些新事物是否有真正流行的可能性。

(4) 当一种东西看似很火暴的时候，要冷静思考，不要盲目跟从，要多了解市场的供给和买者的心态可能发生的变化趋势，避免由于进入晚而面临供给过剩，从而导致失败的事情发生。

(5) 如果经过理性思考后并做出了判断，那么要快速行动、快速反应、快速调整，抢先引领趋势。

第四章　做事脚踏实地

1. 诚信，成功的第一法则
2. 正视缺陷，接受不完美的自己
3. 关注生活中的每一个小细节
4. 踏实做事，取巧不投机
5. 浅尝辄止注定失败，坚持不懈才有希望
6. 善始善终，不要轻易放弃
7. 凡事要努力追求卓越
8. 把健康放在第一位

1 诚信，成功的第一法则

对于每个人来说，诚信都是最重要的，是真诚做人的第一原则。

做事的智慧

美国道格拉斯飞机制造公司为了把一批喷气式客机卖给东方航空公司，创始人唐纳·道格拉斯本人专程去拜访东方航空公司的总裁艾迪·利贝克。利贝克告诉他说，道格拉斯公司生产的新型 DC-3 飞机和波音公司的波音 707 飞机是两个竞争对手，但均有一个共同的毛病，那就是喷气发动机的噪声太大，并表示愿意给道格拉斯公司一个机会，如能在减小噪声方面胜过波音公司，就可以考虑与其签订合同。

当时这件事对道格拉斯公司来说，是一桩重要的买卖。但是，道格拉斯回去与他的工程师商量后，认真地答复说："老实说，我想我们没有办法去满足你的这一要求。"

利贝克说："我想也是这样的，我这样做的目的，只是想知道你们是否诚实。"

由于道格拉斯的诚实打动了利贝克，赢得了他的信任，他终于听到了一直期待的好消息："你将获得 16500 万美元的合同。现在，去看看你如何将那些发动机的噪声控制到最小的程度。"

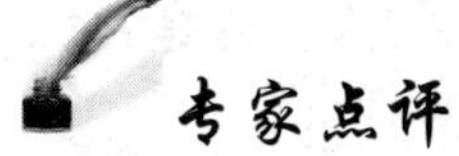

专家点评

从这则故事中可以看到，诚实是促使别人采取行动最有效的方法。可以设想一下，如果当时道格拉斯夸夸其谈，满口答应能将发动机噪声降低，那么将是什么样的结局呢？答案恐怕只有一个，那就是道格拉斯碰一鼻子灰，空手而归。

做事的禁忌

一个人在火车上坐下后，把自己的包裹和行李放在旁边的座位上。后来，车上的人越来越多，车厢越来越拥挤。这时，一位先生问他旁边的座位是否有人，他说：“有人，那人刚刚去了吸烟车厢，他一会儿就回来。你看，这些东西就是他的。”但这位先生怀疑他所说的话，就说：“好吧，我坐在这儿等他回来。”

于是，这位先生把行李和包裹拿下来，放在了地板上和行李架上。这个人怒目而视，欲言又止，因为那位在吸烟车厢的人是他编造出来的。

不久，这个人到站了，他开始收拾自己的东西。但那位先生说：“对不起，你说过这些行李是一个在吸烟车厢的人的。我有义务保护这些行李不被你拿走，因为你说这些行李不是你的。”这个人发怒了，他开始骂人，却不敢去碰那些行李。

乘务员被叫来了，他听了这两个人的话后，对着那个为了占座位而否认自己行李的人说：“那好吧！我来掌管这些行李，我会把它放到这一站，如果没有人认领，那就是你的。”在乘客们的哄笑声和鼓掌声中，这个人没带行李就灰溜溜地下了车。他刚下车，火车就开动了。第二天，他才拿到了自己的行李。

专家点评

为了霸占一个不属于他的座位，这个人撒了谎，为此受到了惩罚。一个人如果撒过一次小小的谎，在他的性格中就会存在斑点，就像水果刚刚开始变质时的小斑点，而且，一旦撒过一次谎，那么就可能有第二次、第三次……就会失去诚信，别人不再相信你了。因此，做人一定要坚守诚信的原则，这样才能为做事打下好的根基。

举一反三

有这样一个故事：

我国香港金利来公司曾经和一家报社联合举办了一次活动，奖品是金利来领带。

活动结束后，负责发放礼品的一位姓罗的女记者把剩下的三条领带交还给了金利来公司。这件小事却让金利来公司的总裁曾宪梓感动不已。几年后，金利来公司全面进入大陆市场，组建一个分公司。在招聘经理时，曾先生最先想到了那位记者，因为“真理、正直、公平和高贵是永远分不开的”。

一个人讲不讲信用是有没有良好人际关系的关键，这关系到为人的原则，从而影响到人际关系的好坏。不管怎样，有一点值得肯定，那就是一个讲信用的人必定是一个坦诚的人。

人们对台塑集团董事长王永庆的成功很感兴趣，当有人问到他创造了亿万财富的秘诀时，王永庆答道："做生意最重要的是诚信待人。如果你失去诚信，你周围的人迟早会离开你。一个企业不只是靠一个人，是要靠大家的。单单你一个人，再有能力也没有用。历史上项羽力能扛鼎，非常能打仗，但最后还是失败了。这就告诉你，一个人再有能力，也成不了事。你要以诚待人，有好的管理，有好的人员，有好的制度，每个人都帮你的话，你一定能成功。"

身为公司或企业的老板，如何使员工更努力工作是一件很重要的事。暂且不论公司的形式或体制，在老板的心里，保持着"请你这样做"这种诚恳的态度能使所有的员工更加勤勉。如果拥有一两万名员工，这样做还不够，必须有"请你帮我这样做"的态度；而拥有五万名员工时，更应有"两手合十"的态度，否则部下很难发挥其优点而努力工作。

诚信是一切人性优点的基础，不仅要通过说话展现，更要通过行动体现出来。当人们认为一个人可信的时候，他就是一个坦诚的人。也就是说，当一个人说他知道某件事时，他确实知道这件事；当他说他将去做某件事时，他的确能做而且一定会做这件事。因此，值得信赖是赢得尊重和信任的通行证。

为人处世之道，大概没有比诚实守信、取信于人更为重要的了。因此，你的言行举止，时刻不可放弃了这个根本。与人交往时，只要有这个根本存在，只要别人还信任你，其他方面的缺陷或许还有弥补的机会，但若失去了这个根本，别人不相信你了，别人就不愿再与你共事，不愿再与你打交道。正如电脑缺少了硬件和软件无法正常工作一样，一个人丧失了诚实和信誉，将难以取得成功。

 正视缺陷，接受不完美的自己

没有一样事物是十全十美的，每件事、每个人都有瑕疵和缺陷，正所谓“金无足赤，人无完人”。我们应该知道自己的缺陷所在，不可逃避，不可自欺欺人，同时要正视自己的缺陷，否则只能给自己造成沉重的心理负担，并且更容易被人发现自己的不足之处。

做事的智慧

罗纳尔多是足球场上的英雄。被称为“外星人”的他是让所有的后卫都头疼的前锋。几乎每一位对手都会被他准确的射门、惊人的跑速和他的霸气所震慑。但是，很少有人知道，这个绿茵场上纵横驰骋的英雄尽管拥有非凡的足球天赋，却并不是一开始就表现得很出色。

最初妨碍罗纳尔多表现的不是别的，竟然是他的龅牙。刚刚走上绿茵场时，他认为自己的龅牙长得很不好看，担心被人们嘲笑。为了避免露出自己的龅牙，他常常是紧闭着嘴唇，即使是在比赛时，也不肯有半点松懈。他一直都这样踢球，直到有一次一个细心的教练发现了这一点。

教练把他换下了场，拍拍他的肩膀跟他说了一番影响他一生的话：“罗纳尔多，你在场上时应该忘掉你的龅牙，要知道，你的

龅牙并不是你的错。如果你不张开嘴，你就无法自由呼吸，就无法自在地踢球。而且要想让人们忘记你的龅牙，最好的办法不是闭上嘴，而是发挥你精湛的球技。”

从此以后，罗纳尔多在踢球时就不再刻意掩盖自己的龅牙了，他终于敢张开嘴自由地呼吸了，他的球技也得到了很大进步。17岁时，他就进入了巴西国家队，并同队员一起赢得了世界杯。他成了世界级的人物，不到20岁就获得了“世界足球先生”的称号。

功成名就后的罗纳尔多再也没有为他的龅牙烦恼过，所有的球迷都将目光盯在他高超的球技上。他们不但没有嘲笑他的龅牙，反而认为他的龅牙很性感。

专家点评

每个人都会有缺点，十全十美的人是不存在的。有些人面对自己的缺点，总是想办法遮掩，害怕别人笑话。其实，这样做反而会使别人觉得你虚伪，而不愿意与你交往。相反，坦然面对自己的缺点，不有意掩饰，敢于挑战自我，承认缺点，就会赢得大家的尊敬。

做事的禁忌

有一只猫到树林中捕鸟，碰到一只猫头鹰。

猫头鹰问道：“亲爱的猫，你到哪儿去啊？”

猫答道：“我去林子里捕食。”

“别啊，我的小花猫，你可千万别伤害我的小孩子啊！”

“你的孩子究竟是什么样的？这个可得让我知道。”

“我的孩子呀，长得最最美丽了！”

“知道了！”猫自管自地去打猎了。

猫从一处矮树丛蹿到另一处矮树丛，鸟巢里尽是些美丽的小鸟。直到第三处灌木丛里，它才看到一群长得非常难看的小鸟。于是，猫就把它们统统吃了。

小花猫美美地吃了一顿后便回家了。在路上，它又遇到那只猫头鹰，“你没有伤害我的孩子吧？”

“哪里话，我只是吃了那些长得最丑的。”

猫头鹰回到家里，却只剩下一个空空的鸟巢了，原来被吃掉的正是它的孩子。

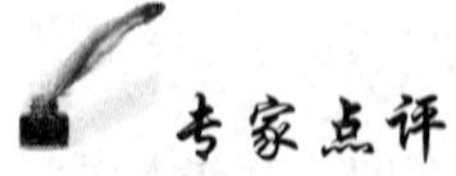

专家点评

有缺点并不可怕，怕的是不敢承认缺点，怕的是没有正视缺点的勇气，怕的是不能坚持改正缺点而半途而废，怕的是讳疾忌医又明知故犯。只有正视缺点，并坚决改正缺点，才可以找到自己的位置，那么，缺点就会成为前进的动力。

举一反三

“尺有所短，寸有所长”、“取人之长，补己之短”、白玉微瑕、人无完人等等这些前人所总结的话语已经流传了很多年。可见，一个人有缺点是很平常的事。

西施、貂蝉、王昭君和杨玉环是尽人皆知的中国古代四大美女，她们国色天香，有倾国倾城之貌，从古至今令人羡慕。可是她们也不是没有缺点的，如西施的体弱多病、杨玉环的肥胖等，她们不但知道自己的缺点而且还懂得从其他方面来弥补，如西施用手抚住脸部，不仅减少了身体疼痛，而且更加美丽动人。与此相反的则事与愿违，如东施效颦。东施是一个活泼粗野的少女，学西施的样子却是丑态百出，不仅失去了自我，而且遭到众人嘲笑。

每个人都有自己的优点和长处，也都有自己的缺点和短处，有缺点就要改正，让缺点努力向好的方面转化。只要我们时时看到并注意改正自己的缺点，就有可能超越自我，获得成功。

没有蓝天的深邃可以有白云的飘逸，没有大海的壮阔可以有小溪的优雅，没有原野的芬芳可以有小草的翠绿，没有雄鹰的矫健可以有小鸟的无忧。做人最大的乐趣在于通过奋斗去获得我们想要的东西，所以有缺点意味着我们可以进一步完美，匮乏之处意味着我们可以进一步努力。当一个人什么都不缺的时候，他的生存空间就被剥夺了。如果我们每天早上醒过来，感到自己今天缺点儿什么，感到自己还需要更加完美，还有追求，那该是一件多么值得高兴的事情啊！

有些人不敢在熟人面前“露丑”，这是一种不良习惯。人的许多毛病或不良习惯可能是从小形成的，也许正是这些不良习惯，让我们与成功绝缘。也许你不会相信，一个读了几年大学的人不敢上台表现自己。害怕“露丑”，就永远没有机会成功。有个职员有一次被逼着去参加卡拉 OK 大赛，结果表现非常好，连他自己也没有想到，竟然拿了优秀奖。有了这一次的大胆表现后，他就敢于迈出第二步、第三步……走出第一步，你就自信了。

我们要敢于正视自己的缺点。“金无足赤，人无完人”，不要因有缺点而自卑。有一个女孩，在一次偶然的会议中，她温柔的语气引起了一个小伙子的注意。小伙子对她一见钟情，可小伙子想想自己，身材矮小，相貌一般，无德无才，凭什么去追这样的女孩？经过一番激烈的思想煎熬，小伙子终于给她寄去了一封情书。信发出后，小伙子无时无刻不在期盼着她的回讯。但一个多月过去了仍无音讯，小伙子的心犹如被冷水泼凉。在希望即将破灭之际，一次偶然的机会，小伙子知道了她的电话号码。为了拨通这次电话，小伙子不知道在房间里徘徊了多少次，想象着怎样和她交谈。电话终于有人接了，她的声音出现在话筒里，是那样地温柔，而小伙子原先准备的“台词”此刻一点儿也未用上。怎么办呢？小伙子逼迫自己至少要跟她聊上五分钟。但五分钟过去了，他们还没有放下话筒，而所聊的不外乎是生活、学习上的一些琐事。就这样，每个周末他们通过电话来拉近彼此的心，了解对方。后来，他们开始约会了。

世界上最大的敌人就是自己，不敢正视自己的弱点而逃避现实的人，会永远与成功无缘。相反，敢于拿出勇气，向自我挑战的人，成功也就不远了。

3 关注生活中的每一个小细节

一个人要想成功，就要注意细节；一个企业若想发展，也需要注意细节。人生固然要有宏大的远景构思，但人生的价值和意义却往往在平淡琐碎的生活中体现。

生活是充满细节的，这些细节使得生活丰富多彩、魅力无限。缺少了细节的点缀，生活一定是一片空白，单调而乏味。

做事的智慧

1895 年，德国物理学家伦琴有一次在研究阴极射线管的放电现象时，偶然发现放在旁边的一包封于黑纸中的照相底片走了光。他分析可能有某种射线在起作用，并称之为 X 射线。经过进一步试验后，这一设想被证实了，于是伦琴意外地发现了 X 射线。

为此，伦琴于 1901 年荣获首届诺贝尔物理学奖。而事实上在伦琴之前已有不少人碰到过这种现象，如英国人克鲁克斯在 1879 年、美国人兹皮德和詹宁斯在 1890 年、勒纳德在 1892 年，还有德国一些科学家都遇到过同样的事情，但他们却忽视了这一细节，有的埋怨自己不小心，有的以为这与自己的研究课题无关，从而错过了成功的机会。

专家点评

事实上，很多伟大的发明家，大多数是因为发现了一些别人所不曾发现的细节，从而促成了其成名。

机会是一种偶然现象，但其背后却隐藏着必然性，这就要看你是否留心到了细节。X 射线的发现就是一个例证。

历史上很多对社会有重大影响的发明都是由于科学家关注细节而意外获得的。人们总结了这种细节和机会在个人成功中所起的重要作用，那就是：一个机会足以改变人的一生，一个细节足可创造一番伟大的事业！

做事的禁忌

参加招聘会的那天早上，小陈不慎碰翻了水杯，将放在桌上的简历浸湿了。为尽快赶到会场，小陈只将简历简单地晾干，便和其他东西放在一起塞进背包，匆匆赶往招聘会。

在招聘现场，小陈看中了一家深圳房地产公司广告策划主管的岗位。按照这家企业的要求，招聘人员将先与应聘者简单交谈，再收简历，被收简历的人将得到面试的机会。

轮到小陈时，招聘人员问了小陈 3 个问题后，便向他要简历。小陈受宠若惊地掏出简历时才发现，简历上有一大片水渍，放在包里一揉，再加上钥匙等物品的划痕，已经不成样子了。小陈尽量将它弄平整，递了过去。看着这份伤痕累累的简历，招聘人员的眉头皱了皱，还是收下了。那份折皱的简历夹在一叠整洁的简历里，显得十分刺眼。

三天后，小陈参加了面试，表现得非常活跃，无论是现场操作 Photoshop 软件，还是为虚拟的产品做口头介绍，他都表现极佳。在校读书时曾身为学校戏剧社骨干的小陈，还即兴表演了一段小品，获得了面试负责人的啧啧称赞。当面试结束走出办公室时，一位负责面试的工作人员对他说："你是今天面试者中最出色的一个。"

然而，面试过去一周后，小陈依然没有得到回复。他忍不住打电话向那位工作人员询问情况。那位工作人员沉默了一会儿，告诉他："其实招聘负责人对你是很满意的，但你败在了简历上。老总说，一个连简历都保管不好的人，是管理不好一个部门的。要知道，简历实际上代表的是你的个人形象。将一份凌乱的简历投出去，有失严谨。"

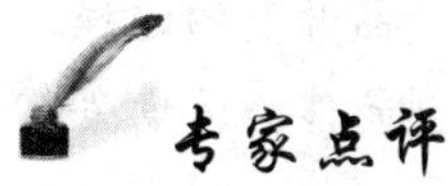

专家点评

这个故事生动地揭示了细节的力量，有时，细节也是决定事情成败的"利器"。在电梯里与老板简短地聊几句，可能会坚定他提拔你的决心；商业谈判中的一句错误用语，可能会使你痛失即将到手的合同。完美的细节代表着永不懈怠的处世风格，是一个人积极、实干、优秀的象征。

举一反三

一心渴望成功，追求成功，而成功却了无踪影；甘于平凡，认真做好每个细节，成功就会不期而至，这就是细节的魅力所在。

20 世纪最伟大的建筑师之一的密斯·凡·德罗，在被要求用一句话来描述他成功的原因时，他只说了五个字："魔鬼在细节。"德罗反复强调，如果对细节把握不到位，无论建筑设计方案如何恢弘大气，都不能称之为成功的作品。

老子说："天下难事，必做于易；天下大事，必做于细。"这句话精辟地指出了要想成就一番事业，必须从简单的事情做起，从细微之处入手。生活原本就是由细节构成的，如果一切归于有序，决定成败的必将是微若沙砾的细节。今天，随着现代社会分工越来越细和专业化程度越来越高，一个要求精细化管理工作和生活的时代已经到来，在所有竞争中，细节的竞争才是最高和最终的竞争层面。

国内外许多优秀企业家之所以能取得杰出的成就，其成功之道往往是管理层始终把细节的竞争贯彻于整个产品开发的过程。要知道，细节的竞争既是成本的竞争、工艺和创新能力的竞争，也是各个环节协调能力的竞争。

托尔斯泰说："一个人的价值不是以数量而是以他的深度来衡量的，成功者的共同特点就是能做小事情，能够抓住生活中的一些细节。"

对此，青岛海尔集团总裁张瑞敏深有感触地说："把每一件简单的事做好就是不简单；把每一件平凡的事做好就是不平凡。"海尔集团就是本着"严、细、实、恒"的管理风格，冲出亚洲，走向世界的。海尔人以追求工作的零缺陷、高灵敏度为目标，把管理问题控制在最短时间、最小范围内解决，使经济损失降到最低，逐步实现了管理的精细化，消除了企业管理的所有死角，大大降低了成本，使管理得以及时、全面、有效。

当然，成功的经验不可以复制，但其本质还是相通的。在当今激烈竞争的市场中，能使企业始终立于不败之地的关键就是"细节"，原因如下：

其一，对于战略层面、大方向的问题，角逐者们大都已经非常清楚，很难在这些因素上占有明显优势。

其二，现在很多商业领域已经进入微利时代，大量财力、人力的投入，往往只为了赢取几个百分点的利润，而某一个细节的忽略，足以使有限的利润化为乌有。

随着经济的发展，专业化程度越来越高，社会分工越来越细，各个环节的联系越来越紧密。这就要求人们做事认真、细致，一个环节的失误，就可能影响整个体系的正常运转。如一辆小汽车有上万个零件，需要上千个加工环节，如果上一个环节没有做好，下面的工作就很难继续；而一架飞机有几百万个零部件，涉及的企业单位更多，因而对细节的要求也就更高。所以，无论做人还是做事，都要注重细节，从小事做起。

许多人总是抱怨抓不住机会，而事实上，机会总是隐藏于意外事件中。留心细节，就是留心机会，抓住细节，也就抓住了机会。关于细节，以下几点建议可供参考：

(1) 要注意事物的细微处。一定要细心观察，才能抓住事物所传递的重要信息和有价值的线索。法国化学家和细菌学奠基人在叙述丹麦的斯戒偶然发现电磁感应的故事时，曾深有感触地说："在观察的领域中，机会常光顾细心的人。"一语道破了善于捕捉机会的奥秘。

(2) 把相差很远的事物联系在一起。美国发明家威斯汀豪想创造一种能够同时作用于整列火车的刹车装置，但绞尽脑汁都未能想出。后来他意外地在一本杂志上获悉，挖掘隧道时驱动风钻所需的压缩空气是用橡胶软管从800米以外的空气压缩机送过来的。他从中得到启发，发明了气动刹车装置，这一发明不仅为他带来了荣誉也带来了财富。

(3) 在别人不留意处做文章。司空见惯、习以为常的事，一般人会疏忽，甚至一些大专家、大学者也如此。有这样一个故事：

法国人李比希是19世纪最杰出的化学家之一。1825年，李比希从法国著名化学家盖•吕萨克那里学成归来，年仅22岁就已经成了吉森大学的一名教授。

一天，一个制盐工厂的熟人给李比希送来了一瓶浸泡过某种海藻植物灰的母液，请他分析鉴定其中的化学成分。经过一番处理，李比希从中提炼出某些盐类。他又将剩下的母液与氯水混合，再加一点淀粉试剂，母液立即呈蓝色，这说明母液中含有碘化物。第二天一早，李比希又拿起该溶液来看，发现在蓝色的含碘溶液上面还有少量的棕色液层，这液层是什么呢？他并没有进一步深入研究，想当然地断定它是氯化碘，于是马上贴上标签，实验便结束了。

一年以后，一个与李比希同龄的法国青年巴拉尔，因为家境贫寒，一面在当地学院读书一面在药学专科学校实验室当助手。他没有轻信李比希的结论，反而对棕色液体进行了多次试验，结果发现了一种化学性质与氯、碘极为相似的新元素——溴。李比希因为自以为是、忽视细节，与一个重大发明失之交臂。为了牢记这一深刻教训，李比希每次指导学生试验时，就将“氯化碘”标签拿出来，告诫学生不得粗心大意，而应留心一切细节。

在人的一生中，总会碰到各式各样的偶然性机会。如果你能准确地捕捉并且把握住这些机会，那么，你的成功也就为期不远了。当然，要把握住这些机会，需有平时对这些知识的积累以及深入的思索，否则即使机会降临，你也无从知晓。

4　踏实做事，取巧不投机

投机取巧的人，再有才华、天分，也很难有所成就。只有那些踏踏实实做事的人，才能成就一番事业。踏实做事的人，不会凭借侥幸去瞎碰，而是认认真真走好每一步，利用好每一分钟。

做事的智慧

一名化工大学的男生毕业后，被一家公司聘用了，试用期为六个月。他被分配的部门是一个化验室，里面的员工是清一色的女同胞，所以他被孤立起来了，与她们格格不入。因为缺乏实践经验，作为新员工的他真心实意地向这些女师傅请教，但得到的总是冷嘲热讽。

几个月后，公司改革，化验室要裁掉一个员工。公司采取领导与员工评议相结合的方式进行综合打分，以决定最后的取舍，结果不出所料，这个毕业生因为没人给他好评，自然分数最低。

裁员通知下来了，这名男生果然就在其中。按照规定，在裁员通知下达之后，他还可以在化验室待三天时间办一些交接事务。本来他可以和公司把工资结清，马上走人，但他决定，在这最后的三天里，把他的工作做好。

最后那天下午，他跟第一天上班的时候一样认真，把工作台擦得一尘不染，把自己曾经用过的烧杯和试管摆放得整整齐齐。

终于到了下班时间，他有些伤心地走了。他没有想到的是经理一直在窗外看着他干活，他却一点儿也没有察觉。

第二天，劳资部门给他打来电话，让他当天到质检部报到。当他来到质检部的时候，经理说："之所以把你留下来，是因为你的认真，明天要离开而今天仍能认认真真地对待工作，这样的员工实在是很难得！"

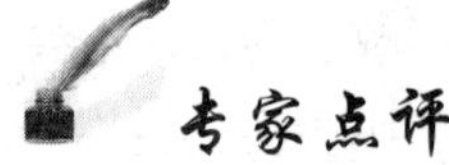

专家点评

因为这名男生对工作一丝不苟，因为他的踏实，公司才能再次把他留下。试想如果他一得到裁员通知，就立刻表现得泄气而浮躁，结果一定截然不同了。因此无论做什么工作，都要有一丝不苟的工作态度。

做事的禁忌

在一个城市里开着一家老牌裁缝店，店里的徒弟聪明伶俐，深得师傅的喜爱和器重。一天师傅要出远门，临行前告诉徒弟要认真干活，有一位重要客户过几天要来定做西裤。徒弟满口答应了。

师傅出门不久，一位美国人来到裁缝店，要求小裁缝按照他的尺寸做一条西裤。对于徒弟来说，学徒期马上就要满了，他很快就要踏出师门另谋出路了，所以他根本就心不在焉，当然没有认真去做，结果这条西裤被他做得粗糙不堪，几乎不能穿。美国人摇着头走出店门，放弃了这条西裤。徒弟觉得少了一件工作，反而清闲了。

师傅回来后知道了这件事情，非常惋惜地告诉徒弟：那个美国人是专门来中国选拔人才，打算招聘一批缝纫技师成立工厂的，而入选者的待遇极为优厚。为了把徒弟推荐出去，师傅费尽心力，好不容易才把人家请到店里来考核。出乎师傅意料的是徒弟没有好好珍惜这个机会，没有充分发挥他精巧的手艺，将这个难得的好机会白白地放弃了。

徒弟听完不禁长叹，追悔莫及。

专家点评

工作没有贵贱之分，无论做什么工作，都要本着负责任的态度，认真做好它。

举一反三

许多年轻人一踏入社会就缺乏责任心，以善于投机取巧为荣，工作中不思进取，反而以种种借口来掩饰。然而，命运对于任何人来说都是公平的，付出者收获，多劳者多得，没有人能够不劳而获。可以肯定的是，这些缺乏敬业精神的人，是无法取得真正的成就的。

泰国有个叫奈哈松的人，一心想成为腰缠万贯的大富翁，但是，他并没有付出辛勤的劳动，而是相信炼金术会给他带来财富。他把全部的时间、金钱和精力都用在了炼金术的实践中。不久，他花完了家里所有的积蓄，一家人连饭也吃不上了。妻子无奈，跑回娘家诉苦，她父母决定帮女婿改掉恶习，于是找来奈哈松，对他说："我们已经掌握了炼金术，只是现在还缺少炼金的东西。""快告诉我，还缺少什么东西？""我们需要3公斤从香蕉叶上搜集起来的白色绒毛，这些绒毛必须是你自己种的香蕉树上的，等到收完绒毛后，我们便告诉你炼金的方法。"奈哈松信以为真，他回家后立即将已荒废多年的田地种上了香蕉，为了尽快凑齐绒毛，他除了种自家原有的田地外，还开垦了大量的荒地。

当香蕉成熟后，他小心地从每张香蕉叶上刮下白绒毛，而他的妻子和儿女则抬着一串串香蕉到市场上去卖。就这样，经过十年的辛勤劳动，他终于收集够了 3 公斤的绒毛。这天，他一脸兴奋地提着绒毛来到岳父母的家里，向他们讨教炼金术，岳父母让他打开了院中的一间房门，他立即看到了满屋的黄金，黄金旁站着妻子和女儿。妻子告诉他，这些金子都是用他 10 年里所种的香蕉换来的，听了妻子的话，奈哈松恍然大悟。从此，他脚踏实地，辛勤劳作，终于成了一方富翁。

生活中很多人犯着和奈哈松一样的错误，他们宁愿相信一夜暴富的神话，也不愿踏实地工作。他们以为，成功凭借的仅仅是运气。

很多人由于太想成功，甚至不惜去从事一些不正当的行业和勾当。这些人在某一阶段看起来获得了极大的成功，但很难长久。民间有一句俗语："喝凉酒，拿赃钱，早晚是病。"非合理合法渠道获取的成功，依赖性很强，一旦某个环节失灵，就可能给自己带来灭顶之灾。

美国人德罗里安曾经是闻名世界的"跑车大王"。在改造潘狄牌汽车获得成功后，他名利双收，并以此创办了自己的汽车厂。这时候，他犯了做商人的大忌：奢侈无度，不思进取。除了在纽约拥有豪宅以外，他在新泽西州和加利福尼亚州都拥有占地 200 多英亩的别墅。他出入的餐厅不但要一流的，而且必须气派典雅。他的衬衫、西装每件至少都在 700 美元以上。

为了便于享乐，他的汽车厂设在英国北爱尔兰，却把总部设在纽约。因此他很少待在工厂，有什么事非去不可时，他也一定要坐最豪华的飞机，住伦敦最高级的酒店。

由于他只在生意上花很少的心思，对市场调查做得不够，以致决策屡屡失误，造成汽车大批积压，公司开始出现亏损。然而他不去积极寻求应变之策，却动起了歪脑筋，决定铤而走险，从牟利甚高的毒品买卖上寻找出路，以挽救濒临破产的公司。

德罗里安将自己的想法告诉一个叫 CL 的朋友，并表示希望从中获取 5000 万美元的纯利润。但他没有料到，CL 是联邦调查局扫毒部门的一个合作者。在 CL 的安排下，德罗里安与联邦调查局正在通缉的大毒贩赫特烈会面，两人订下了详细的运毒计划。一个月后，当德罗里安登上飞机飞往洛杉矶时，被三名联邦调查员逮捕。

德罗里安被捕的消息震惊了西方商界，在德罗里安汽车公司内部更引起了巨大的震动。不久，这家公司即宣告破产。德罗里安的利令智昏，终于葬送了自己一生的事业。

因此，从现在开始，放弃所有的不切实际的想法，脚踏实地地用自己的努力和智慧去赚钱。如果不能脚踏实地，虽可得利于一时，但只会搬起石头砸自己的脚，最终还是逃脱不了失败的结局。

天上不会掉馅饼，任何一个人的成功都凝聚着其血汗和智慧，都是他们付出艰辛劳动后的成果。

5 浅尝辄止注定失败，坚持不懈才有希望

每个人都在累积着砖，希望有朝一日能盖出宏伟的大楼。最后，有的人成功了，有的人却失败了。失败者就是一类易冲动的

人，他们做事只有五分钟的热度，热度冷却后就丢掉了手头的“工程”；他们做事情往往浅尝辄止，往往因为一点儿困难就放弃了。同时，他们注定是不能获得成功的。

做事的智慧

有一次，苏格兰国王布鲁斯与英格兰军队打仗。布鲁斯国王被打得落花流水，只得躲在一所不易被发现的古老的茅屋里。

当他正带着失望与悲哀躺在柴草床上的时候，他看见一只蜘蛛正在结网，为了取乐，国王毁坏了它将要完成的网。蜘蛛并不在意，立刻继续工作，准备再结一个新网。当新网结成时，苏格兰国王又把它的网破坏了，蜘蛛又开始结另一个网。

国王震惊了，他想：“我已被英格兰的军队打败了6次，我是准备放弃战斗了。假使我把蜘蛛的网破坏6次，它是否会放弃它的结网工作呢？”

因此，他毁坏了蜘蛛的网6次，而蜘蛛对这些灾难毫不介意，开始第七次结网，终于成功了。国王被这只不屈不挠的蜘蛛震撼了，他鼓起勇气，决意再作一次斗争，从英格兰人的手里解放他的国家。他召集了一支新的军队，很谨慎而耐心地做着准备，终于打了一次重要的胜仗，把英格兰人赶出了苏格兰。

专家点评

做任何一件事，都要有始有终，坚持把它做完，不要轻易放弃，如果放弃了，你就永远没有成功的可能。

做事的禁忌

小马在某频道看了很多成功人士的事迹后，激情澎湃，开始有了雄心壮志，他常梦想着自己有着巨额资产，在媒体上无限风光，在同学聚会上大出风头。大学毕业后，他抛弃了自己原有的专业，找了份销售的工作，准备在这一行积累经验，以后自己创业。

然而，现实是冷酷的。小马在打了三四通电话、拜访了两三个客户、吃了一两次闭门羹后，有点受不了了。他开始自艾自怜，满腔怨气，满腹牢骚，并且怀疑自己的能力与选择，而没有业绩，老板的脸色更让他厌烦。

于是他把工作辞了，打算自己创业，甚至发誓要把原来那家给他气受的公司收购了。他开了一家制作甜品的小店，满怀激情，可创业要面对更多的问题，而且同样会面对客户的各种问题。因此没到一个月他又泄气了，工作时攒的一点钱也用光了，只好找了个兼职暂时维持生计。此时，对于未来，他很是迷茫。

专家点评

小马是个典型的五分钟热度的人，在遇到困难与挫折时，不是积极地面对，寻找解决问题的方法，而是选择放弃，因此即使他再有雄心壮志，如果他不能调整自己做事时浅尝辄止的态度，那么他就是注定要失败的。

举一反三

成功不是一蹴而就的，它是长期积累而成的。比如一些创业家，他们创业的最初几年可能一分不赚，甚至还在亏本，但是十几年后就大赚了一笔。这一切，没有持久的激情是做不到的。

1948 年，牛津大学举办了一个“成功秘诀”讲座，邀请了当时极富声誉的伟大政治家丘吉尔。

人们准备洗耳恭听这位大政治家、外交家、文学家(丘吉尔曾获诺贝尔文学奖)的成功秘诀，只见丘吉尔走上台用手势止住大家雷动的掌声后，说：

“我的成功秘诀有三个：第一是决不放弃；第二是决不、决不放弃；第三是决不、决不、决不能放弃！我的演讲结束了。”说完就走下了讲台。

会场上沉寂了一分钟后才爆发出热烈的掌声，经久不息。

这个世界上从来就不存在失败，只有放弃，而不放弃就不会失败。正如乔治·马萨森所说：“我们获胜不是靠辉煌的方式，而是靠不断努力。”

美国纺织品零售商协会做过一项研究：48%的推销员找过 1 个人之后不干了；25%的推销员找过 2 个人之后不干了；12%的推销员找过 3 个人之后继续干下去，80%的生意是这些推销员做成的。

林肯曾说：“成功是屡遭挫折而热情不减。”事实上，成功的过程就是不断克服障碍的过程。障碍不是来阻挡我们的，而是来帮助我们的，障碍会告诉我们怎样做才能更快成功。

爱迪生为找做灯丝的材料，做了5000多次的实验都失败了。

一个报社记者对爱迪生说："看来我们要用电灯照亮黑暗真是太难了。你已经失败了5000多次!"

爱迪生说："不对！我不是失败了5000多次，而是知道了这5000多种材料不适合做灯丝。我还要继续下去!"

经过1万多次的实验，爱迪生终于"造"出钨丝，给人间带来了光明。

没有人能一步登天，失败只是暂时的。不要因为暂时的失败半途而废，在遭受挫折时，你要反复告诉自己：把这件事坚持做下去。

战胜困难的人就是强者。每个人都会遇到困难，这些困难是向我们提出的挑战，我们应该依靠自身的优势与强项去战胜困难。

人生如战场。试想一下，如果你身临战场，当遇到困难和敌人时就赶紧后退，其后果如何？把事情做好，把困难解决掉，这不也是一种"作战"吗？因此，当你在自己的生活和事业中碰到困难时，应遵循一个原则——绝不言退，发挥自己的优势!

一个人一生中不可能一帆风顺、事事称心如意，遇到困难并不可怕，应把困难当成是对自己的一种考验与磨炼。也许你不一定能克服所有的困难，但在克服这些困难的过程中，你在智慧、经验、心志、胸怀等各方面都会有所成长。所谓"不经一事，不长一智"说的就是这一道理。如果你顺利地克服了困难，那么在这一过程中你所积累的经验和信心将是你一生当中最宝贵的财富，在以后面对类似的困难时，你将知道如何应付它。

天底下没有不劳而获的果实，如果面对种种困难与失败时绝不轻言放弃，那么一定可以获得成功。

不管做什么事，只要放弃了就没有成功的机会；如果不放弃，就会一直拥有成功的希望。如果你有99%想要成功的欲望，却有1%想要放弃的念头，这样只能与成功无缘。

放弃本身也是一种习惯。放弃，代表你对困难的恐惧，对成功的恐惧。不要因困难而变成一位懦夫。当你尽了最大的努力还没有成功时，不要放弃，只要开始另一个计划就行了。

6 善始善终，不要轻易放弃

人的一生会爬无数的山，每一座山都是独特的，但是没有一座山值得你永远地留下来。不执著、不贪恋、不奢求，有好的开始，还要有好的结束。

每个人都应始终坚持“以终为始”的原则，只有这样，才能有所收获。

做事的智慧

华盛顿被美国人尊为国父，一方面是因为他在美国独立战争中建立了不朽的功勋，另一方面是因为他不恋权势的领导风范。

华盛顿在第一届总统任期将满时就想隐退，朋友们都劝他留任，他们说只要他继续领导美国，“南北双方将团结一致”。1792年，华盛顿在总统选举中再度当选。

在第二届总统任期期满后，华盛顿执意隐退，不再参加总统竞选。尽管当时美国朝野绝大多数人要求他再次竞选连任，但他坚决拒绝接受第三次总统候选人的提名，理由很简单：我老了，不能再耽搁下去了！

华盛顿当然明白，假如自己乐意，即使再“耽搁”几年，也是决不会有人喊“下课”的。但那样一来，即等于背叛了自己的信仰和理想，即等于不尊重国家和人民对自己的尊重……

1796 年 9 月，华盛顿向全体美国人发表了著名的《告别词》，这一年华盛顿只有 63 岁。

1796 年 12 月，美国举行第三届总统选举，约翰·亚当斯当选。

1797 年 3 月 3 日，是华盛顿担任公职的最后一天，他举行了告别宴会。在宴会快要结束时，华盛顿举杯向大家祝福，会场内充满了感伤的情绪。第二天，新总统亚当斯在临时首都费城宣誓就职。仪式结束后，华盛顿离开了办公室。当他来到大街上向欢送他的人群致意时，人们争先恐后簇拥在他的周围，希望最后再看看这位领袖。华盛顿头上的银发在风中飘动，眼里噙着泪花，激动得说不出话来。他不停地挥动着双手，用手势表达他的感谢和祝福。

1799 年 12 月 24 日，华盛顿在自己的庄园安然去世。作为美国国父，美国历史上最伟大的总统，他成为后世政治家永远效仿的楷模。

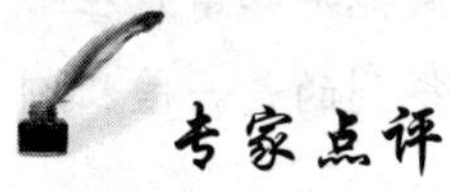

专家点评

在一个到处还是国王、君主、世袭制的世界，华盛顿毅然选择放弃权力，开创了总统连任不超过两届的宪法惯例，从而为美国奠定了坚实的民主基础，也为全人类树立了一个无与伦比的光辉典范。

华盛顿为了美国的独立，奋斗了一生，到年老时毅然告别权力舞台，他将他的清白、诚实及所有伟大特征皆完整保持到了生命终点，可谓善始善终，一以贯之。

做事的禁忌

有个老木匠准备退休，他告诉老板说，要离开建筑行业，一是因为年纪比较大了，再者是因为他想回家与妻子儿女共享天伦之乐。

老板舍不得他走，想让他再帮自己最后一个忙，再建一座房子，老木匠同意了。于是他开始建他的最后一座房子。老木匠干活很快，但是，大家都看得出来，他的心已经不在工作上了，他用的是软料，出的是粗活。

房子建好的时候，老板把大门的钥匙递给老木匠，说："你在我这里工作了很多年，一直是我的左膀右臂。今天你要走了，我不知道该送你什么礼物，后来我想了想：你给别人盖了一辈子的房子，到头来却没有一座属于你自己的房子。所以我就让你给你自己盖个房子，从今天起，这个房子就属于你了。"

老木匠目瞪口呆，同时又感到很羞愧。如果他早知道是在给自己建房子，也许就不会这样了，而现在，他得到的是一幢粗制滥造的房子。

专家点评

老木匠由于没有善始善终，最后只得自己吃苦果。任何事情的成功都包含了两个方面，一个是成功的开头，一个是成功的结局。

举一反三

谁都期望自己的一生都平平安安，一帆风顺，可事情并不那么简单，有幸福就有痛苦，有得意就有失意。但是，如果你本着善始善终的原则，那肯定会大大地提高成功的概率。否则做任何事情时你都会产生一定的盲目性和冲动性，当然也就无法清醒地判断出势态的发展。

许多人的人生之所以有一个很好的结局，原因之一就在于他掌握了善始善终的原则。

任何一个人都不可过分执著。所谓不过分执著，就是不偏执于某一个方面、某一种欲望、某一种企图、某一种目的或者某一种过程。任何偏执都可能使人失去客观的判断，从而错过美景，贻误人生。

摆在一个人面前的路有很多条，何去何从是一个艰难的抉择。如果选择了你认为正确的道路，哪怕是布满荆棘的坎坷之路，都应当“义无反顾、绝不退缩”地坚持下去。善始善终尤其需要这种毅力。

如果缺乏毅力，人的理想、信仰、目标即使再完美，也会成为空谈。

如果你决心自始至终地捍卫原则，你就会发现，日常生活中常常有一些与原则相违背的事情摆在面前，倘若意志不坚，或碍于情面，就很容易放弃原则。因而，保持清醒的头脑是必要的，在任何情况下都要不随波逐流，不轻易放弃自己的原则。这虽然较为困难，但绝非不能做到。

我们应该在心里认定一个事实：坚持原则是人格高尚的重要标志，也是善始善终的基本要求。

善始善终并不是说到就能做到的，它除了待人宽容，坚持原则外，还要有足够的耐力和意志力。成功人士大多都有一个共同的特点：坚忍执著、意志刚强、不达目标誓不罢休。而那些今天想干这个，明天又想干那个，“东一榔头、西一棒槌”，“三天打鱼，两天晒网”，小事不想干、大事干不了，或遇到一点挫折就退缩徘徊，缺乏坚强意志和耐力者，则无法做到善始善终，他们最后只能一事无成。

由此看来，耐力就是善始善终的首要条件。没有耐力，做任何事情都不会成功。拥有耐力，你才会不断向难关冲击，并最终走向成功。

耐力在人生的奋斗中占有重要的位置。有能力认准 100 个目标，而没有耐力完成任何一个目标的人，远不及只认准一个目标而有耐力去完成的人，后者往往比前者更有作为。

取得成功的人，值得我们敬仰的不仅在于他们超人的智力、超人的胆量，而且在于他们那超人的耐力。如果一个人一辈子无所建树，可能令人感到悲哀的不是其智力，也不是其未选准的目标，而是其没有坚持到最后的耐力。

世界上那些做出成就的人，都是几年、几十年如一日的人。他们不骄不躁、兢兢业业、踏踏实实，既不在同事间过分表现自己，也不向领导阿谀奉承，而是耐心等待机遇，在瓜熟蒂落、水到渠成时自然得以重用。

7 凡事要努力追求卓越

追求卓越要付出很大代价，但回报也很可观。若想成功就必须有追求卓越的精神，然后做出明确的决定，充分发挥自己的潜力，采取行动，付出努力。

是否有追求卓越的精神是区分成功者和失败者的重要指标。如果你想获得成功就必须渴望成功，渴望卓越。

做事的智慧

有一位性邱的商人，出身农村。由于家里穷，他在小学三年级时便辍学，帮家里做农活。17 岁时，他随堂兄到城里打工，做装修队的泥瓦小工。他回忆说："由于穷怕了，我发誓要挣钱发财，让我的两个妹妹能好好上学。虽然那时候我身无分文，连穿的鞋都裂着口子，但我始终想我有一天会发财。"那个时候，他做事很用心。在干活时，他从不像其他的工人一样拈轻怕重，不论多么脏多么累的活都踏踏实实地去干，干到最好。而且，每次干完活后，他都不怕麻烦地把工地打扫干净。时间久了，老板看到他的努力，认为他诚实可靠，先是给他涨了工资，后来又让他当了施工组长，后又升他为施工队长。

三年以后，老板的生意越做越大，就让他独当一面，代其去外面揽活。他从不吃回扣、拿私钱，尽心工作，做到最好。后来，老板主动分出一部分业务让他承包。这个时候，他已经从以前一年挣不到两万元到了每年能挣三十多万元。

几年后，他利用这“第一桶金”组建了自己的装修队。由于与他接触过的人都知道他干活精细，因此他的生意络绎不绝。后来，他又组建了施工队承包大的建筑工程，所做的工程仍然是同期最好的。2001 年他又投入到房地产开发行业，身价达到几亿。

专家点评

很多人做事常常是为了应付上司、同事和顾客，没有明确的工作目标，缺乏成就感，觉得对得起手中的薪水就万事大吉，终日里心思恍惚。而邱先生对待工作中的每一件事，哪怕是很小的事情，都努力做到最好。他追求卓越的精神正是他最终成功的原因。

做事的禁忌

张安在一家食品公司的销售部工作。每天早晨，闹铃响了好几遍，张安才挣扎着从床上坐起来，悲伤地想：“痛苦的一天又开始了。”然后，张安手忙脚乱地收拾东西，匆忙赶到公司，连早饭都来不及吃。

跨入公司大门，张安仍然精神恍惚，如在梦中。坐在会议室半天了，张安还睡眼蒙胧，没搞懂部门经理布置的任务。开完会，张安胡乱跑了几家客户，受到了客户的冷遇。下午回公司，张安看着空荡荡的日报表，不知道写什么，只好胡乱填几笔就交差了事。

一天过去了，又一天过去了，一个月过去了，又一个月过去了，与张安同时来到公司的人已有很多当上了部门经理，只有张安还是一个基层销售人员。

年底，公司发年终奖，别人的信封都是厚厚的，张安的信封里则只有薄薄的几张。张安想，此处不留人，自有留人处。一气之下，张安辞职了。

几年下来，张安的工作换了一个又一个，而薪水仍然留在原地。

专家点评

现实生活中有很多像张安一样的人，他们每天按时打卡，准时上班，不迟到也不请假，却不能或只能勉强完成本职工作；他们像蚂蚁一样忙忙碌碌，早出晚归，却不愿对工作尽职尽责，任劳任怨。对他们来说，工作是一种应付，上班要应付，加班要应付，检查更要应付。对他们来说，生活本身也是一种应付。

举一反三

一次，奥格在一所高中演讲时遇到了一位身高约有 6 英尺 5

英寸、体重约 250 磅、浑身都是肌肉的年轻小伙子，看起来很像查尔斯·阿特拉斯，拥有近乎完美的体格。演讲结束后，奥格问这个小伙子的理想是什么。

小伙子说他想打职业橄榄球。

奥格告诉他："你的体格绝对没问题，但是，我想知道你是否有这种欲望，因为橄榄球比赛是十分激烈的。"

小伙子说："我非常想。"

奥格问："有多想？"

他说："真的非常想。"

奥格说："真的非常想？"

他回答说："是的。"

于是奥格明确地问他了这样一个问题："是不是想打球想得要撞墙？"

他说："还没有想到那种程度。"

奥格说："我的朋友，除非你想得要撞墙，否则，你要想达到专业水准并取得成功是非常困难的。只有天赋是不够的，你必须非常想才行！"

现实生活中，很多人都具有才华，但却不得不做着自己并不喜欢的工作，因为竞争太激烈，而他们想实现自己理想的愿望也并不强烈。他们缺少那种能够超越大众的"额外的一点儿"，他们没有这种欲望。

你必须非常渴望成功，以致"想得要撞墙"。当然，你不必真去撞墙，但如果有这个必要，你必须愿意这么做。不管什么层面的成功者，要想成功，就必须非常想才行。伟大的橄榄球教练温斯·伦巴蒂曾说："成功者与其他人的区别不在于后者缺少力量或知识，而在于缺少意愿。”

大多数人都不愿意奉献一切去成为摇滚歌星、医生明星、护士明星、电脑明星、销售明星、建筑明星、企业明星等。明星那么耀眼，为什么他们不愿意去做呢？因为大多数人不愿意为理想而付出自己的全部。

你是非常想实现理想吗？对于成功，你真的是很严肃地对待吗？你真的愿意多走一英里，多做一些“可以导致巨大差异”的额外的工作吗？你愿意早起晚睡吗？你愿意关掉电视去看那些有助于提高你的书吗？你愿意在追求梦想时经受痛苦、放弃一些事物吗？你愿意去做那些让人不舒服的事吗？你愿意为了梦想而战斗吗？许多人认为自己对待梦想的态度是严肃的，但实际上他们只是一时激动罢了。他们既积极又忙碌，但是却毫无进展。许多人都在欺骗自己，他们没有意识到主动性与结果之间的联系。

当你严肃起来的时候，你就愿意多走一些路，多付出一些辛苦。如果你能够做那些令你不舒服的事，你的投入程度也会达到另一个高度，你会经常寻找各种途径来提高自己，即使你已做得很好。

有着卓越理想的人，即使在成功之前也会竭尽全力做好每一件事情，在小事情中积累起成功的经验，培养起成功者必备的品格。他们认为，对细微事情的高度重视不代表没有愿望和理想，反而是通往成功和财富的必经之路。古人云：“合抱之木，生于毫末；九层之台，起于累土；千里之行，始于足下。”只要我们将身边的每件事都做好了，成功也就距离我们不远了。

《马太福音》第五至第七章，文章很长，内容松散，刚刚上学的孩子们很难背诵出全文。有一次，西雅图大学社区公理会教堂德高望重的牧师戴尔·泰勒，到了比尔·盖茨所在的班级，当众宣布说，谁要是能背诵出《马太福音》第五至第七章的内容，泰勒就会邀请他去西雅图的“太空针”高塔餐厅进餐。同学们听到这个消息以后，欢呼雀跃，然后却又一片沉寂。原来，平时进入“太空针”的人都是西雅图的头面人物，虽然这次机会十分难得，但是要求背诵的这几个章节长而松散，也非常拗口。然而，比尔·盖茨却勇敢地站起来，完整无误地背诵了下来。

比尔·盖茨在一件小事上都争取做到最好，这和他日后的成功有着不可分割的必然联系。

如果你有机会去走访所有的成功者，你就会发现，在他们的成长过程中，他们都有意无意地做到了这一条：追求卓越，做到极致。

追求卓越是一种精神。一个追求卓越的人，必定是个自信、勤奋、忘我拼搏的人；一个追求卓越的企业，必定是个朝气蓬勃、步履稳健、前景光明的企业。

不要让应付了事阻止你的进步，耽误了你的前途。生活中的每一件事情，不论大小，都值得我们用心去做。

把健康放在第一位

健康的身体是一个人获得长远发展的保证。宏伟计划的实现需要相应体力的支撑。所以，一个人对自己的体力切不可随意消耗，对自己的身体要注意保养。

做事的智慧

有一次，美国商人巴布森乘飞机到以色列参加一项商务谈判，到达的那天刚好是周六。在美国，巴布森备受交通堵塞之苦，因而看到这里街上汽车稀少、交通顺畅，他感到很奇怪。“你们首都的车辆就这么多吗?”他问他的犹太商人朋友谢文利。

谢文利解释道:“你可能不了解犹太人的习惯，我们从每周的周五晚上开始，一直到周六的傍晚为止，是禁烟、禁酒、禁欲的时间，一切杂念都要抛开，一心一意地休息和向神祈祷，人们一般都待在家里，所以街上往来的汽车比平时少了很多。从周六的晚上起，才是我们真正的周末，我们可以尽情地享受。”

巴布森羡慕地说:“你们犹太人真懂得休息与享受。”

谢文利不无得意地说道:“因为我们明白只有健康的身体，才能享受快乐的人生。要想有健康的身体就必须吃好、睡好、玩好，健康是犹太人最大的本钱。我们犹太人虽然立国已经有2000年了，并且长期在外流浪，遭人歧视和迫害，但并没有因此而绝种，这与我们注重养生之术是分不开的。”

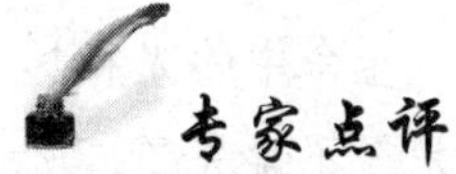

专家点评

工作对人生是有益的，但是如果一个人只知道工作而不懂得休息与享受，那么他就失去了人性。想让自己的人生变得更加精彩，那就多多享受生活吧。

做事的禁忌

史特威夫是一个成功的商人，前几年他身体结实，做生意赚了不少的钱。后来他为了挣够 1 000 万元，没日没夜地工作。有人建议他去锻炼身体，他总说没时间。3 年后，史特威夫得了严重的心脏病、脑血栓，经常住进医院。史特威夫虽然成为了超级富豪，可他吃的食物却不及他家饲养的宠物狗。那只狗每周吃 100 元钱的食物，可他每周的饭费却花不了 30 元钱，他每天只靠少量的牛奶和饼干打发，因此非常瘦，还病怏怏的。

常言道，“缺什么也不能缺健康。”史特威夫的病全是他自己造成的。

举一反三

“鞠躬尽瘁，死而后已”的敬业精神，固然值得我们尊敬，但是，如果只顾拼命工作而赔上了自己的健康，生命中的光和热还没有全部发挥出来就过早地离开人世，这就是得不偿失了。所以，健康是第一位的，拥有了健康的身体，你才有资格谈将来。

世间没有什么东西比自己的身体更为宝贵，我们必须不惜一切代价来保护好它，从而为我们在工作上的不断进步提供保证。

有一位大公司的总裁患有先天性心脏病，有一次旧病复发，必须立刻住院治疗。

“我怎么会有时间呢?”这位总裁先生一听说医生建议他住院，便焦虑起来:“我这可不是一家小公司呀! 每天有多少事情等着我去裁决，没有我的话……”

“我们出去走走吧!”医生没有和他多说，只是提议一起出去逛逛。医生将他带至近郊的一处墓地。

“你我总有一天要永远地躺在这儿的。”医生指着一个个的坟墓说，“没有了你，你目前的工作还是会有别人接着来做。你死后，公司仍然还会照常运作，而不会就此关门大吉。”

总裁先生沉默了。第二天，这位在商场上意气风发的总裁就向董事会递交了辞呈，并住院接受治疗，出院后又过着舒适的退休生活，而这家公司至今依然是闻名于世的大公司。

每一个人都需要奋斗，奋斗就是生活，但聪明的人会不惜代价去换取一个休息的假期。他们休假归来，带回的是清醒的头脑、强健的体魄、饱满的精神和崭新的希望，因而之后的工作将更高效。

奋斗者不可不知调适身心的重要性，不可不知身心调适的方法。有一位商人，原本疾病缠身，却通过一种悠闲的工作方式成为了一个大公司的老板。他每天都要工作，但每天工作的时间只有两三个小时，而且很多决策是在娱乐中完成的。遇到什么难题，他就带着秘书出门游历一番，在乡野幽静的环境中调适自己的状态，以作出最明智的决定。他手下的员工也是一些“既工作又娱乐”的人。这些员工每天 7 个小时的工作竟然胜过别的公司员工每天八九个小时的工作。他们的点子真是花样百出，令人应接不暇，又惊喜不断。

只知工作不知娱乐的人大部分是刻板的人，也没有什么创造力，即使拥有一些创造力，也会在呆板的环境中变得一无是处。

他们注定早衰。如果是一位天才，也不过是一颗流星。

健康是事业成功的第一资本。一个身体健康的人，其力量绝对可以胜过1000个躺在病床上等待死神的人。一个人只要身体健康，就有资本将事业干得更大。对于身体这台机器，一定要小心翼翼、加倍爱护。以下关于保持身体健康的5点建议供参考：

(1) 定期到医院检查。如今的医学技术十分发达，各种仪器能探测出潜伏在我们身体内的疾病，只要我们定期检查，就会提前发现。

(2) 有效地节制欲望。不论是生活中还是工作中，都要有所节制，不要跌入酒、色、财、气、赌等陷阱，否则伤身坏体、害人害己。

(3) 忙中偷闲做运动。生活的快节奏让我们感到疲于应付，不妨每天根据自己的时间、场所，做一些适量的运动。生命在于运动。运动能充沛精力，增进活力，能促进血液循环系统，排出身体内的废物。养成经常运动的习惯，跳舞、散步、跑步或游泳等都是很好的选择。运动还能为我们消忧解烦。当我们烦恼时，不妨干些体力活，体力与脑力互相交替，能令我们的身体充满活力。

(4) 合理安排膳食。要身体健康，就要保证摄入足够的营养。平时餐桌上可以选择4大基本类食物：谷类制品，肉、家禽或鱼，水果或蔬菜，奶制品。将这4类食物合理搭配，就可以达到合理膳食的目的。

(5) 保证充足的睡眠。晚上睡得好是健康所必需的，如果睡眠不足，第二天会头痛、疲倦，注意力不易集中，从而影响一天的工作。一个人如果连续72小时不睡，身心两方面都会有危险。睡眠时间依据个人而定，通常以8个小时为适中。

第五章　做事目光长远

1. 目标长远，不被眼前利益诱惑
2. 少占便宜，吃亏是福
3. 要成就大事，就得未雨绸缪
4. 你能看多远，便能走多远
5. 利益固然诱人，风险不可不避
6. 不仅为改善生活，而要彻底改变命运
7. 丢掉你的“账本”，将人品经营好

1 目标长远，不被眼前利益诱惑

习惯于盯着脚下芝麻的人，必然看不到远处的西瓜。此话虽然有几分玩笑，但是不无道理。目光短浅的人往往看不到长远的发展，这是对未来没有信心的表现。因此，他们容易被眼前的一些蝇头小利所诱，常常因小失大。

做事的智慧

斯蒂芬·斯皮尔伯格在 36 岁时就成为世界上最成功的制片人，电影史上十大卖座的影片中，他个人就囊括了 4 部。他怎么能这样年轻就有此等成就？他的故事实在耐人寻味。

斯皮尔伯格在十二三岁时就知道，有一天他要成为电影导演。在他 17 岁那年的某天下午，当他参观了环球制片厂后，他的一生改变了。那可不是一次简单的参观活动，在他得窥其全貌之后，当场就决定要怎么做了。他先偷偷地观看了一场实际电影的拍摄，再与剪辑部的经理长谈了一个小时，然后结束了参观。

对许多人而言，故事就到此为止了，但斯皮尔伯格可不一样，他知道了他要什么。从那次参观中，他知道得改变做法。

第二天，他穿了套西装，提起他父亲的公文包，里头塞了一块三明治，再次来到摄影现场，装成那里的工作人员。他故意避开大门守卫，找到一辆废弃的汽车，用一块塑胶字母，在车门上拼成“斯蒂芬·斯皮尔伯格”、“导演”等字，然后利用整个夏天去认识各位导演、编剧、剪辑，终日流连于他梦寐以求的世界。他从与众人的交谈中学习、观察并创造出越来越多关于电影制作的灵感。

在20岁那年，他终于成为了正式的电影工作者。他在环球制片厂放映了一部他的片子，从而签订了一纸7年的合同，导演了一部电视连续剧。他的梦终于实现了。

专家点评

斯皮尔伯格为什么能够成功？因为斯皮尔伯格知道他所追求的目标，也知道做法，他善于学习，用恰当的目标，为自己铺就了成功的道路。

一个有上进心的人，一定都有一个明确的奋斗目标，他懂得自己活着是为了什么。因而他所有的努力，从整体上来说都能围绕一个比较长远的目标进行，他知道自己怎样做是正确的、有用的，否则就是做无用功，或者浪费时间和生命。

做事的禁忌

唐代有一对夫妻开了家酒店，自己酿酒自己卖。丈夫为人真诚、热情，酿制的酒也好，本地的人都爱喝，过往的客人也喜欢，酒店因此生意兴隆。看到生意不错，夫妻俩便决定把挣来的钱投进去，再添置一台酿酒设备，扩大生产规模，增加酒的产量。这天，丈夫外出购买设备，临行之前，把酒店的事都交给了妻子，叮嘱妻子一定要善待顾客，诚信经营。

一个月以后，丈夫回来了。妻子一见丈夫，便神秘兮兮地说："这几天，我可知道了做生意的秘诀，像你那样永远发不了财。"

丈夫不解地问："做生意靠的是信誉，咱家酿的酒好，卖的量足，价钱合理，所以大伙才愿意买咱家的酒，除此还能有什么秘诀。"

妻子听后，用手指着丈夫的头，自作聪明地说："你真是死脑筋，现在谁还像你这样做生意。你知道吗，这几天我赚的钱比过去一个月挣的还多。秘诀就是，我给酒里兑了水。"

丈夫一听，肺都要气炸了，他没想到，妻子竟然会往酒里兑水，他冲着妻子就是一记耳光。他知道妻子这种坑害顾客的行为，将他们苦心经营的酒店的牌子砸了，他知道这意味着什么。

从那以后，尽管丈夫想了许多办法，竭力挽回妻子给酒店信誉所带来的损害，可"酒里兑水"这件事还是被顾客发现了，酒店的生意日渐冷清，后来就不得不关门停业了。

专家点评

为什么生意兴隆的酒店到最后关门停业了？就是因为经营者目光太短浅，缺乏长远思考。给酒里兑水，不仅降低了产品质量，影响了生意，更重要的是其弄虚作假、不诚实，失去了人们的信任，败坏了酒店的信誉。欺骗别人一次，影响自己一生。

举一反三

说起来，无论是战略家还是一般人，都知道眼前利益虽然很诱人，很受用，但是也往往要人命。真正能突破眼前利益这道屏障其实是很难的，一方面难在眼前利益的受用性，另一方面难在眼前利益往往使人“一叶障目，不见森林”。

虞国是夹在晋国与虢国之间一个不大不小的国家，晋献公为了扩大地盘，一心想灭掉附近的虞国与虢国。有一次，晋献公攻打虢国，为此要借道虞国，晋国大夫荀息就献计晋献公，献给虞国国君价值连城的美玉和宝马作为借道的交换条件。晋献公虽然有些心痛，但还是听从了。

目光短浅的虞国国君得到消息很是高兴，一口答应，没有听从大夫宫之奇的劝阻。结果，晋献公灭了虢国，在回程的路上就把赶来迎接自己的虞国国君俘虏了，顺便把虞国也消灭了，之前送给虞国国君的礼物只是在那里短暂地寄存了一下，不但马上物归原主，利息还相当丰厚——返还的可是一个国家啊。这就是成语“假途伐虢”、“唇亡齿寒”的来历，更是只顾眼前利益而最终鸡飞蛋打、家破人亡、误国误民的典型。

春秋时期鲁国的单父县令宓子贱是个善于治理国家的人，曾提出“任力者故劳，任人者故逸”(意即善于用人者工作起来很轻松，埋头苦干而不善于用人者工作起来很吃力)的著名论断。有一次，齐国要攻打鲁国，途经单父。当时正值麦子成熟季节，县城的百姓闻听战事消息后都明白齐军路过单父势必要抢割现成的麦子，所以建议宓子贱采取应急行动，全城人出动任意抢割麦子。宓子贱没有允许，结果齐军就捡了大便宜，顺路把麦子收割了。鲁国国君得知后要治宓子贱的罪，宓子贱马上做了分析：这些麦子只是眼前利益，今年失去了，明年可以再种；这些麦子本来是归耕种者所有，如果放任所有人任意收割，必然有很多人成为不劳而获者，这就变相培养了人们的惰性，这些人以后不但不愿意辛勤耕种，甚至希望敌国经常来犯，这样就可以经常地坐享其成了。长此以往，鲁国必定国将不国。更何况，这些损失掉的麦子并不影响鲁国的粮食供给与储备的大局。总之，损失掉一些眼前利益是小，而把不劳而获的思想培养起来是大，是要贻害无穷的。这是放眼长远、舍弃眼前利益的典型。

同样面对眼前利益，虞国国君贪婪地笑纳礼物最终以亡国为代价，而智慧过人的宓子贱则高瞻远瞩、果断舍弃，对上赢得了赏识，对下则教化与培育了良好的社会风气。那么，如何才能做到目光长远，不为眼前利益所动呢？

关键在于，面对眼前利益的时候，我们首先要做出正确的判断，要判断这个利益的性质是什么，能不能拿，而后把目光放远一些，看它对自己有利还是有害，是利大于弊还是弊大于利。如果会因小失大，那么就是不可取的。

当然，要做出正确的判断与剖析是需要智慧的。若那位虞国国君能够看出晋献公阴险的战略意图，恐怕他会采取应对办法，或者拒绝借道，或者收完礼、借完道再与虢国夹击晋军让晋献公“赔了夫人又折兵”，而不至于落得一个国破身亡的可悲下场。

按说历史是一面镜子，现在的人对照历史应该能正确认识与处理眼前与长远利益的关系，但现实总在告诉我们，一些众所周知的错误被一代又一代人所传承，那眼前利益诱饵般总是在我们的不远处招手，甚至裸舞。

大到某些传统习惯的根深蒂固，如靠山吃山所导致的荒山秃岭、山穷水尽，靠水吃水所导致的涸泽而渔、一潭死水。更有甚者，相当多的地方为眼前经济的一时繁荣，以牺牲资源与环境为代价，比如2007年太湖等地出现的蓝藻现象，以及持续多年的全球变暖等问题。同样，很多地方的耕地也被所谓的经济开发区以及火热的房地产开发所替代，很早就有的“但存方寸地，留与子孙耕”的呼号声与呐喊声已经变得很微弱了。

具体到个人的发展道路，很多人放弃读书而过早经商、打工，假如不是自身经济状况所迫，都是一种只顾眼前利益的行为。再如找工作，也存在频繁跳槽的现象，很多人被眼前的高报酬与高职位所迷惑，没有自己的长远发展规划。对此，一些远见之士提出了这样的谆谆告诫：“不要只看待遇与职务，要挑一个能够学习的环境、一个愿意培养员工的企业、一个重视你的专业的公司，最后，要挑一个人，即老板。”

如此看来，眼前利益是很可怕的，比你所遇到的困难更可怕，它是甜蜜的糖衣炮弹，是披着羊皮的狼，是一种温柔的捕获。

有人说，有时候放弃也是一种收获。确实，放弃不可取的眼前利益就可能远离灾难。

2 少占便宜，吃亏是福

吃亏是一种高贵的品德，是一种大丈夫的气度，是一种放眼未来的襟怀。正是有了肯吃亏的心态，你才能在当今的纷争世界里，“闲看庭前花开花落，漫随天外云卷云舒”。

做事的智慧

有人问小巨人李泽楷：“你父亲教了你一些怎样成功赚钱的秘诀？”李泽楷说他父亲什么也没有教，只教了他一些做人的道理。

李嘉诚曾经这样跟李泽楷说，他和别人合作，假如他拿七分合理，八分也可以，那最后拿六分就可以了。李嘉诚的意思也就是说他让别人多赚两分。

所以每个人都知道，和李嘉诚合作会赚到便宜，因此更多的人愿意和他合作。想想看，假如拿八分的话，只有 5 个人和他合作，而如果他只拿六分，似乎是亏了，但合作的人却多了 100 个，他现在能多拿多少分？结果可想而知。

专家点评

生活就是这样，不想占便宜的人，生活也不会让他吃亏。“吃亏”也许是指物质上的损失，但是一个人幸福与否，却往往取决于他的心境。如果我们用外在的东西，换来了心灵上的平和，那无疑是获得了人生的幸福，这便是值得的。

做事的禁忌

有甲、乙两家人住在一个套间内，共用厨房。一天，厨房的灯泡坏了，两家人都怕吃亏，谁也不去换灯泡，便赌气摸黑做饭。结果呢，第二天早晨，楼下的垃圾箱里出现了甲家烤焦了的大闸蟹和乙家烧煳了的大龙虾。

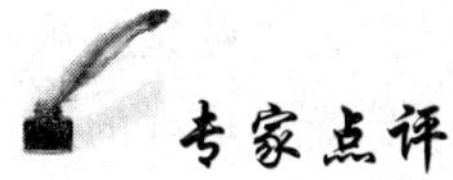

专家点评

这个故事也许并非真的发生过，但却绝对在情理之中，因为我们周围的确有太多的人会如此“精明”，会如此不肯吃亏。

举一反三

做人不能没有准则，而作为人也不可能不与他人相处。自我与他人，各自做人的规则难免存在差别，有了差别，就会产生矛盾和冲突。两种或两种以上的做人准则碰在一起，要么立刻分开，要么有人肯吃亏，比较合理的是双方各做一点让步，各吃一点亏。

每个人在生活中都需要好的人际关系，因此都希望与别人相处融恰。人际关系好的人，人们称他人缘好。人缘好是安全感的来源，是为人处世的基础。一个微笑、一束鲜花、一句问候、一声赞叹、一次帮助，都能为你赢来好人缘。

与人相处，不仅利不能贪，功不能贪，名也不能贪；不仅功要让，利要让，名也要让。有一分退让，就受一分益；吃一分亏，就积一分福。相反，存一分骄慢，就多一分侮辱；占一分便宜，就招一分灾祸。一个人在事业上失败时要能归罪于己，在有成就时要能让功于人。老子说，事业成功了而不能居功。不仅成功要让功，对待名誉要让名，对待利益要让利，对待善要让善，对待得要也让得。他人得到名，我得到他这个人；他人得到利，我得到他的心。二者之间，孰轻孰重，一看即明。

现在有一些人做人不大度，为人不厚道，总觉得所有人都欠他的，所有人都该对他付出。于是生活中很多时候为了避免麻烦就不得不对这些人开绿灯，使他占一些便宜，但是最终这样的人只能占一些小便宜，无法获得大的成就。

生活中，人们对处处抢先占小便宜的人一般没有什么好感，这样，他从做人上来说就吃了大亏。因为你已经处处抢先了，你从来不等别人想到你而总是主动跳出来为自己谋得每一点你看在眼里的利益，那么你周围的人就再也不会主动为你着想了，反而要处处对你设防，这样，你岂不是吃了大亏？

而且，爱占小便宜的人，心情经常会处于比较恶劣的状态。因为日久天长，便宜不会总让你占尽，你就会觉得自己总在吃亏，心中就会积存不满和愤怒，这对自己也会是很大的伤害。再有，太计较小利的人绝不会有什么出息，因为，你的眼光都集中到收集和占有眼前的每一点微小的利益上，它势必影响你向远处看、向高处看。

生活中有时吃点小亏对你自己的利益其实不会有什么损失。人心是一杆秤，如果你能使自己做到不斤斤计较，对别人不过分苛求，待人宽厚，周围的人就会信赖你、尊重你，你就会有一个宽松而和谐的生活氛围，你就会时时感到开心。这大概就是“吃亏是福”的真谛。

做人过于精明无非占点小便宜；遇事装装糊涂，只不过吃点小亏。但“吃亏是福”往往有意想不到的收获。

要成就大事，就得未雨绸缪

未雨绸缪即做什么事之前都要有准备。美国小说家康拜生说：“灵感是从不会去一个丝毫没有准备的懒汉家作客的。”这句话一语道破玄机：没有准备是做不好事情的。

做事的智慧

公司保卫科有甲、乙、丙三个人，老科长退休了，要从他们当中提拔一个做科长。

一天，公司起火了，但由于保卫人员及时有效的措施，并没有造成太严重的损失。事后，老板进行了论功行赏，并宣布有关任命情况。

甲奋不顾身，带人抢出了公司的重要资料和物资。乙及时开了消防栓灭火，并且报了警。而丙待在家里，毫发未损。老总说甲、乙二人是好样的，要全体员工向他们学习，分别奖励了他们500元钱。出人意料的是，老总竟然宣布丙做保卫科长。众人不解。

老板说："因为他和我吵了一架，生气了才待在家里的。"

众人更是一头雾水，丙目无纪律，目无领导，那更不能提拔他啊?

面对众人的疑惑，老板抿了一口茶，缓缓地说道："那天，他找我反映公司的消防隐患，并强烈建议要立即整改。我说公司正忙着，等忙过这阵子再说吧。他生气了，就撂了担子。假如我当时听他的，就不会有这场火灾，就会没有一点损失了。你们说他的功劳是不是最大的？"

丙的"未雨绸缪"不但赢得了领导的赏识，还带来了职务上的升迁。生活中不缺少甲、乙这样的人，但似乎就是少了"未雨绸缪"的敏锐性和责任感，因此值得深思和推敲。

做事的禁忌

猎人带着他的袋子、弹药、猎枪和猎狗出发了。虽然人人都劝他在出门之前把弹药装在枪膛里，但他还是带着空枪走了。

"这帮蠢货!"他嚷着，"以前我没有出去过吗？我走到那里，得个把钟头，哪怕我要装一百回子弹，也有的是时间。"

然而，他还没走过沼泽地，就发现一大群野鸭密密麻麻地浮在水面上。按这位猎人的能力，他一枪就能打中六七只。毫无疑问，这六七只野鸭足够他吃一个礼拜的，当然前提是他出发前就装了子弹。

但是现在，他匆忙装着子弹，而警觉的野鸭已经被枪栓声惊动了，它们很快就在猎人的视线里消失了。

更糟糕的是，就在这时，天空突然下起雨来，猎人浑身都是雨水，袋子里空空如也，只好拖着疲惫的脚步回家去了。

专家点评

猎人由于太过自信，结果落得个两手空空。因此，我们即使在自己身处顺境的时候，也一定要未雨绸缪，居安思危。

举一反三

洪水未到先筑堤，虎狼未来先磨刀。做事应该未雨绸缪，这样在危险突然降临时才不至于手忙脚乱。应该时刻铭记：未雨绸缪，防患于未然。

我们必须要有强烈的忧患意识，立足于最复杂的局面，从最坏处着眼，向最好处努力。千万不可掉以轻心、麻痹大意。防患于未然，这是做事会谋划的人的做法。

企业在市场竞争和经营管理中，应及早发现危机端倪，针对可能出现的危机，在思想上强化防范意识，并且具体、详细、妥善地安排切实可行的防范措施，以避免陷入危机之中。

危机往往是在事物平静的表面下就开始酝酿的，如不能及早发现，必然会接踵而至。因而，一旦发现端倪就要果断地采取措施。

2000年春，深圳某企业招收了一批新员工，这批员工都来自长沙市，其共同的特点是学历高、有专长，大都是技术和管理骨干。然而，上班没几天，就有两位年轻人辞职回原籍了，宛如投下一枚炸弹，一时同来的这批员工人心惶惶，也开始不安心了。

公司副经理，也就是经理的夫人，敏锐地觉察到了这一潜伏的危机，当即决定在第二天晚饭后召开员工会议，解决这一问题。参加会议的除她本人外，还有秘书杨小姐以及从打工仔和打工妹一步步升上来的两位部门经理，而最妙的是这位副经理利用老乡观念，让这批长沙人中的一位负责行政工作的刘小姐主持会议，自己则坐在一旁。刘小姐作为副经理的代言人，在讲话中一再转述副经理的意思，如“副经理要我转告大家”云云。这种委婉的方式营造了一个和缓轻松的氛围。副经理通过这种间接方式，告诉大家对公司不要有顾虑，并一再表明公司诚恳希望大家能安心工作，有问题可以提出来。然后，她又嘉奖了一姓李的员工，由于他工作态度好，表现出色，提前将其转正并加薪。两位部门经理接着以自己为例发言，极力赞扬公司的正规化和老板的人情味。最后杨小姐趁热打铁，代表公司说明两位员工辞职的真相是因为他们自己的实际能力与申请到的职位不符。她又表示各位员工如在工作上还有顾虑，可以会后与副经理私下交流，公司会予以调整，总之，请大家安心工作，视公司为家。

最后，副经理问大家："还有什么不妥吗？"大家说："没有！"又问："大家还想回去吗？下了决心在这儿干的，请举手！"顿时所有人都举起了手。就这样，这位副经理用她敏锐的观察力、过人的智慧、有情有义的劝说，有效地防范了可能导致公司业务停顿的危机。

世上万物都不是孤立存在的，相互间总有着千丝万缕的联系。只要把握好这些联系并仔细观察，就会找到危机发生前的一些征兆。那么，就可以早做准备，以避免危机的发生。

企业经营者要特别警惕以下几种对危机端倪的主观失察而导致面临危机的因素：

(1) 对于已经出现的一些危机征兆没能给予应有的重视，放任其发展。

(2) 对问题严重性认识不足，忽视了问题发生后的潜在影响，未能及时控制局势。

(3) 面对出现的危机，缺乏敏捷应变的思考能力。

(4) 认识问题易偏执，往往只从一个角度去思考，或只往好处想，不去考虑不利的一面。

4　你能看多远，便能走多远

将眼光放长远一点，其实就是给自己一个长远的奋斗目标，在这一目标的指引下奋斗，才不致失去方向或半途而废。目标是一个人前进的动力，能使人不断进取。

做事的智慧

金·坎普·吉列是美国著名的企业家，他的公司以生产剃须刀为主，在世界市场上占有相当大的份额，世界上约有一半的男人在使用他的产品，因此他赚得了丰厚利润。

金·坎普·吉列之前只是个作坊老板，而第一次世界大战改变了他的命运。

第一次世界大战的爆发，对许多商家来说都是毁灭性的灾难。但金·坎普·吉列却已早认识到掌握主动权的奥妙，通过自己的认真思考，他认为对自己更有利的商机来了。于是他马上与美国政府联系，提出自己愿意以特别优惠的价格，向美国士兵提供剃须刀。

为了在全世界人民面前树立美国军人的良好形象，美国政府向他订购了大量的剃须刀，发给每个士兵使用，其销售火爆。

战争结束了，但美国士兵已离不开他的剃须刀了。他的固定消费者每年都在增长，直到产品最终完全占领了美国市场。1931年他因病去世时，公司的资产已经达到创纪录的6000万美元。这是个多么大的奇迹啊！

专家点评

金·坎普·吉列通过细密的思考，为自己的将来铺好了路。

命运掌握在自己的手中，在你的一生中肯定会有不止一次的机会，关键是你要能够把握住它。

做事的禁忌

吉列公司曾经是剃须刀片市场上的绝对“霸主”，一度占有70%的刀片市场份额。竞争对手们当然不能仰望着它的成就而无动于衷，他们绞尽脑汁想从吉列公司手中夺走生意。

1961 年，英国的威尔金森公司研制出不锈钢剃须刀片，上市后颇受消费者欢迎。第二年，这款新产品在美国市场上卖出了700 万把。不过，这个数量不到吉列公司一天的产量，因而未引起吉列公司的重视。其他刀片制造商看到了不锈钢刀片的市场前景，纷纷开发不锈钢刀片。吉列公司仍未对此引起重视。这些“小弟弟”即使全捆在一起，也不及他这个巨人的大腿粗，何足道哉？

吉列公司总裁布恩·格罗斯甚至公开宣布：“我们不打算采取应急措施。”

吉列公司对新生事物如此冷漠，很快就为此付出了惨重代价。在不锈钢刀片的冲击下，吉列公司的市场份额从原来的 70%下降到 55%。尽管它此时已顺应潮流开发出不锈钢刀片，但“一步落后步步迟”，想追赶是很不容易的。所以到 1965 年，它的市场份额又进一步下降到 45%。从这以后，吉列公司独霸刀片市场的局面被打破了。

专家点评

在商场中，任何一种流行的产品以及管理模式都有可能因市场变动而遭淘汰。如果商家不能根据市场环境以及市场需求因变而变，必将遭受损失，甚至被淘汰。

举一反三

红顶商人胡雪岩说:“如果你拥有一县的眼光，那你可以做一县的生意；如果你拥有一省的眼光，那么你可以做一省的生意；如果你拥有天下的眼光，那么你可以做天下的生意。”

一只青蛙住在幽深狭小的井底，他从未离开过这口水井，更不知道外面的世界的广阔。每天它抬头看见的便是那片井口大的蓝天，于是它就认为:“天空只有井口那么大。”直到有一天，一只长途迁徙的燕子告诉他天空有多广和世界有多大时，自以为是的青蛙不但意识不到是自己目光短浅，反而讽刺燕子在说大话。如果这只青蛙永远蹲在井底这个狭小的空间里，将永远体会不到燕子所说的广阔世界。只有跳出井口，它才会真正见识到真正的世界和天空。

很多人就如井底之蛙一样目光短浅。每当面对一个问题时，总是站在自己的立场从自己的角度去看，由于局限在自己的小圈子里，仅顾及自己的小利益，因此所看到和所想到的不一定是正确的。人一旦被私利蒙蔽了眼睛，任何损人利己的行为都有可能发生。不管是谁，如果只站在自己的立场，不能走出自己这个小圈子，就难免会犯错，也难免遭遇不顺心的事情。

除此之外，人的空间也会很狭小。首先是人心里的空间小，一个心胸狭窄的人是不会有大作为的。如果一个人心里只有自己而装不下别人，那么他永远都不会有朋友，而没有良好的人际关系，走到哪里都没有立足之地，他的人生空间也会变得很狭小，生活会受到限制，生存环境会受到约束，再加上自私这个沉重的负担，他就会活得很累而且很不自由。

因此，人要彻底走出自我的小圈子，把自己放下，把心胸放宽放大。俗话说："心底无私天地宽。"自己的天地宽广了，你才能见到大世面，才能见多识广，而有了知识和远见，才能让你的境界不断升高，境界越高天地越宽，只要你的心胸开阔了，你就可以有大作为，你的天地就可以无限量地延伸，而你则可以登上属于自己的舞台，尽情地发挥你的能力，施展你的才华！

每个人都喜欢享受，都有贪图安逸的心理，这一点无可厚非。但是，一个人若想要成就一番事业，就不能有贪图安逸的心理。一个成功的创业者，应该每天都充满朝气，每天都充满斗志，就像非洲大草原上的狮子一样，每天清晨一睁开眼睛，想的就是今天一定要捉住那只跑得最慢的羚羊。因此我们要把眼光放长远，不要贪图一时的安适，不要做跑得最慢的羚羊，永远做那只跑得最快的狮子。

做人、做事都要向长远看，尤其在职业的选择上，有可能这份工作现在的薪水较多但没有良好的发展空间，那份工作虽然薪水少却很有前途。一念之间就可能成就一个千万富翁，或又多个平庸的人。因此，只有"放长线"才能"钓大鱼"。

有些人习惯于走一步看一步，这样他永远只有一条路可以走，就像我们常说的“一条道走到黑”，很难取得成功。反观那些成功者，他们“走一步看十步”，也正因为如此，成功者与失败者之间的距离也就越来越远。

成功者之所以能取得成功，无非是他们的眼光比我们长远。许多人成功的过程，就是一个发现机会的过程。在这个过程中，你需要有一颗敢于追逐未来的心和一个毫不动摇的信念，再有就是发现机会的眼光。

要不断学习成功人士的经验，细心观察生活，这样你就能够学会“走一步看十步”的本领。

要处理好眼前和长远的关系，眼前利益即现实的利益、最近的利益、当下的利益，长远利益则是由一个一个眼前利益构成的，是通过一个一个眼前利益来实现的。离开了一个一个具体的眼前利益，就无所谓长远利益，实现长远利益也就成为一句空话。

那么我们到底是应该注重眼前利益多一点，还是长远利益多一点呢？一般情况下，应该是关注眼前利益多一点，用七分关注眼前利益，三分考虑将来利益，毕竟将来带有不确定性。但任何事都不能教条，如果你能预见到将来注定要发生的事，并且长远利益远远大于现实利益的话，就可以舍去眼前利益，而求长远利益。

人生本来不应该受到约束，只因私心的重轭压在人的身上，所以我们应当摆脱私心的束缚，跳出自私的牢笼，向着远方那片更高、更广的天地奔跑，相信在那片广阔的天地里，每个人都能得到自由，都能够大有作为。

5 利益固然诱人，风险不可不避

在成功的道路上拼搏的时候，要懂得环顾四周，不被利益的左右，时刻擦亮双眼，看清成功之路上的陷阱，或是停止前进的脚步，或是绕道而行。

做事的智慧

堤义明是日本西武集团创始人堤康次郎的儿子，父亲去世后，他成为西武集团的新掌门。那年他才 28 岁。其时，日本正进入工业鼎盛时期，几乎人人都认为土地投资绝对是一本万利的生意，炒地皮就等于自己印钞票，比投资任何事业都有利润。但是，堤义明却突然做出一项决定：“西武集团，退出地产买卖界。”

这个决定震惊了整个企业界。因为西武集团是日本最大的地产商之一，经济实力和人才实力都首屈一指，它一旦退出，必然引起地产市场的巨大震荡；再说，它理应趁时而进，为何不进反退呢？

堤义明信奉“当大家一窝蜂上的时候，就该急流勇退”的投资原则。他认为，任何一项产品或服务，市场的容量都有一定限度，当各路投资者蜂拥而入时，就将市场细分到约等于零。当市场供应量大大超过它的需求量时，超出部分便变成了没有回报的金钱耗损，不正当的竞争还会大大增加投资的风险。所以，当大家一窝蜂上的时候，不但没有钱赚，资金安全也没有保障。

然而，西武集团的高层领导都不同意堤义明的决定，有人甚至怀疑他是否有能力担当一家大集团公司的领导重任。

堤义明仍坚信自己的决定是正确的。他说："你们全都没看出地产行业的风雨就要来临，危险得很！我决定了，大家照我的话去做准没错。"

在堤义明的坚持下，西武集团终于从地产行业撤出。之后的结果证明，堤义明的决定是明智的：日本地产业的旺势没有维持多久，随后就进入持续低迷状态，几乎每一位地产商都受到严重冲击，倒闭者不计其数，只有西武集团毫发无损。

在堤义明的领导下，西武集团取得了比以前更大的发展。

专家点评

要成为投资的赢家，首先要学会的便是不盲从，不被眼前的利益所左右，随时擦亮眼睛，从而发现投资道路上的风险，该退的时候先一步退出，让风险对自己毫发无伤。

做事的禁忌

1997年9月18日，负债总额高达1613亿日元的日本八佰伴公司宣布破产，成为日本战后流通业中规模最大的一宗破产案。在很多人的眼里，八佰伴的溃败显得过于突然，而其破产的最直接原因是犯了扩张过快、摊子铺得太大的错误。

八佰伴集团创办人和田一夫是个传奇式人物，他曾以《八佰伴——从零到亿万》的自传为全球企业界所熟知。在自传中，和田一夫称自己信奉的法则是：不要顾及风险，不能中途放弃目标。八佰伴公司在他的带领下，积极开拓，曾创造了一个神话。在鼎盛时期，八佰伴集团曾在 16 个国家拥有 400 多间百货公司。

20 世纪 80 年代后期，八佰伴为了快速扩张海外市场，在债券市场上大量发行可转换债券。这种筹资方法，虽然摆脱了从银行取得资金的限制，却也失去了有效的财务监督，极易陷入债务膨胀的危机。仅从 1990 年至 1994 年，八佰伴共发行了总值约 500 亿日元的可转换债券。

八佰伴公司把公司的利润以及通过发行公司债券这种“炼金术”聚集的大量资金投入海外，结果这些资金的回收情况却不尽如人意。日本泡沫经济出现后，八佰伴公司业绩欠佳，股价下跌。

在急速的扩张过程中，八佰伴背离了原来的超市路线，不断改变经营手法，且在物业市场上大额投资，而当遇上金融风暴时，这些物业却成了负资产。

为了维持高速扩展，八佰伴大量依靠信贷，因此其信贷利息也由 1993 年的 8500 万激增两倍至 1997 年的 1 亿 60 万，其占利润的百分比由 24%跃升至 49%。换句话说，1997 年的收益近 50%是用作支付贷款利息的。可见，八佰伴因急速扩展业务给企业带来了沉重的利息负担。

八佰伴拖欠的款项越积越多，以致债台高筑，最终踏上了结业清盘的不归路。

专家点评

如果满脑子都是利益，被利益迷了眼，只看到可能带来的利益，却看不见利益背后隐藏的风险，那么就难免深陷泥潭。

举一反三

有人对每年公布的世界 500 强企业名录做了一个分析，发现这些上榜企业中，每过 10 年，就会有三分之一以上的企业从这个名录中消失，或低迷，或破产。分析这些企业衰落的原因，人们发现，这些企业往往是在春风得意之时开始衰落，这个时候，他们忽视了各种潜在的风险，忽视了企业的长远发展所必需的准备，对前景盲目乐观，或过于激进，或在市场中任意妄为，最终走向衰败。

风险无处不在，唯有“居安思危”才是真正的生存之道。被称为“中国第一 CEO”的张瑞敏在谈到海尔的发展时，用一个字来概括他这些年的感觉——惧。在张瑞敏看来，市场竞争太残酷了，只有居安思危的人才能在竞争中获胜。

竞争的日益激烈，使得我们每个人都有被淘汰的风险。如果我们不想让这种风险成为现实，我们就必须去预防它，做到凡事都未雨绸缪。如果我们能在对待任何事情时，都具有“万一……怎么办”的意识，便能减少风险发生的概率。

山猪每天都在一棵大树旁拼命地磨牙，猴子见了觉得非常奇怪，走过去问山猪：“现在既没有别的动物来伤害你，也没有猎人来捕捉你，为什么还要这样努力地磨牙呢？”

山猪笑着说：“现在磨牙正是时候，你想一想，一旦危险来临，我哪还有时间磨牙呀！现在磨得锋利点，等到用的时候就不会慌张了。”

这只山猪深谙“居安思危，未雨绸缪”之道，它知道如何才能保证自己在与其他猛兽的搏斗中保住性命：时刻为战斗准备，在危险来临之前就把牙磨得锋利。

古人云：“生于忧患，死于安乐。”一个人只有时刻保持忧患意识，防范在先，做事情更有前瞻性，才更容易成功。

有忧患意识的人，对要做的事情考虑得深远而全面，对可能出现的危险和困难能及早准备和防范，从而加大了成功的概率。同时，忧患意识还能保持和巩固人在成功之途上所取得的阶段性成果，使成功不至于初得即失，毁于一旦。

史书载：后唐时期，有个名叫冯道的人奉命出使中山，路经险地时，他唯恐马失前蹄，坠入山涧，时时小心翼翼，不敢放松缰绳，因此化险为夷。可是，到了一马平川之地后，他却放松了警惕，信马由缰，任其驰骋，结果从马背上摔下来，受了伤。

未来存在太多的变数，谁也无法进行准确的预测，而我们每个人都无法保证天天“鸿运当头”。因此，我们要时刻对风险保持足够的警惕，在心理上及实际行动中有所准备，以应付突如其来的变化。

事前保持足够的警惕，做好长期的规划，远比事后懊悔更为重要。一个有远见的人，会让自己始终对风险保持足够的警惕。

 不仅为改善生活，而要彻底改变命运

那些聪明的成功者，大都有远大的理想，他们付出的诸多努力并不仅仅是为了改变当下的生活，而是甘愿为理想放弃暂时的舒适，也因此彻底改变了命运。当然，他们最后获得的成功也让他们的生活更加丰富多彩。

做事的智慧

新东方让许多人认识了俞敏洪。他的博闻强记、娴于辞令以及优雅的儒商气质让许多年轻人都对他崇拜有加。现在他站在演讲台上以一个成功者的姿态谈论着他的奋斗史，看似辉煌，其实一路艰辛。

1989 年，出身农村的俞敏洪在经过了三次高考以后，终于如愿以偿考上了北大。大学毕业后，俞敏洪选择留校任教。在北大任教四年后，俞敏洪分得了一套 10 平方米的房子，这让他非常兴奋。他开始安于这样的生活。但是，一个渴望改变命运的人总是无法克服追求的冲动的。一个个同窗好友跨越太平洋去了彼岸，这令他开始重新审视自己的生活。他想要过一种不被他人和社会控制的生活，他要奋斗，他决定留学。

于是，他开始为出国积极地准备，然而出国留学不是成绩好

就行，还需要一定的资金支持，而他没有，他必须面对自己不得不承担的学费和生活费的现实问题。这时，如果换了别人可能会选择放弃，安心在北大教书，为副教授或者教授的职称努力。毕竟评上职称要现实得多，能够更快地改善生活。但是，俞敏洪没有放弃，为筹集留学资金，他在校外办起了托福班。

当时，教师在外办班还不被人理解。不久，北大以俞敏洪在校外用北大名义办培训班为由对他进行了处分。这个消息传遍了北大的角角落落，让俞敏洪颜面扫地，离开成为了他当时唯一的选择。

离开北大后的俞敏洪专心致力于培训班，他开始了由一个老师到一个经理人的转变，开始打磨自己，甩掉“眼睛向下，鼻子朝上”的北大姿态。他开始学习怎样行销自己和培训班，还学会了和各种人打交道。

在经历了种种磨难后，俞敏洪终于有了大家认同的成功，新东方成为了中国民办教育的典范。这时候，应该说俞敏洪不再缺钱了，他的生活早就风生水起了，他本可以选择功成身退，过上他所期望的自由自在、四处游历的惬意生活，但是他却选择了让公司上市。他解释说：他希望用严厉的美国上市公司管理规则来规范内部，以制度说话，避免前面出现的人情和利益纠葛，从而实现自身的救赎，让企业顺利发展。为了长远的事业和利益，人们有时候需要放弃很多东西。

问及之后的路，他说：“我希望办一所真正的私立大学，完全是非营利的，由我出资建立基金会，由基金会的人来运作，大半的学生会选择来自农村、有发展潜力又贫穷的孩子。我希望通过基金运作所获得的回报和学生自己的勤工俭学来让他们完成学业。这个学校已经在筹备中。”

但是，要把这样的学校办下去需要充足的资金，他曾经半开玩笑地对媒体说：“我的钱还不够支撑这个学校的开支。”同时他又严肃地说：“从新东方目前上市运作的情况来看，只要新东方不会失败，未来做私立大学的钱可能还是够的。”

回忆自己走过的路，他说：“如果我当年落榜、留学失败、被北大处罚后接受大家的劝说，安静地过日子，现在我可能是个农民，可能是个外语系副教授，我可能和很多人一样过着单位、社会为你设计的被动生活。”

而如今，他成功地改变了自己的命运，拥有了决定自己人生走向的能力。

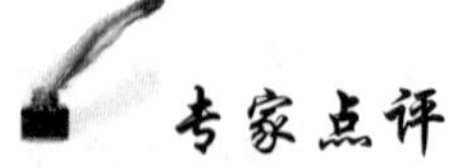

专家点评

俞敏洪本可以在北大享受悠闲的大学教师生活，当上副教授、教授，衣食无忧，但他没有把目标仅仅定在好好生活上，毅然辞职为自己的事业努力，最终，他获得了他想要的成功。

做事的禁忌

某天，两个穷困潦倒的人领到了 100 元救济金，都非常开心。

一个人用 100 元批发了一堆袜子，拿出去卖，第一天获得了 100 元的利润。他留了 50 元用来买米和面，把其他的钱又拿出去做生意，慢慢地富裕了起来。

另一个人则马上跑到超市去买油、米、菜，饱餐了好几顿，但钱很快就用完了，他又恢复到一贫如洗的生活。

专家点评

这是两类人对待财富的截然不同的态度。有些人获得了钱财，只是想改变当下的生活质量，这些人永远也无法成功；另一些则看得更远，他们宁愿牺牲眼前的舒适，渴望通过努力最终实现理想，彻底改变命运。

举一反三

缺乏理想的人总是不能理解成功者的追求，总是心存疑惑：他们还真是贪心，都已经有那么多钱了，住着别墅，出入有名车，大餐吃够了追求野菜，世界各地、山川河流到处留下了足迹，还不满足，他们挣那么多钱是为了什么呢？这些钱给我一辈子都花不完，要是我就拿着钱出去旅游，吃好的、喝好的，每天睡到日上三竿。何必忙忙碌碌的？一个不小心还有可能投资失败，赔个精光。

然而，成功的人有自己的想法。最初的时候他们可能是因为生活的贫困而被迫创业，但后来他们会有更大的目标，这已经不是金钱能够衡量的东西，而是因为他们发现了人生存在的价值，他们会不断地通过努力让自己和周围的人生活得更好。

希腊船王亚里斯多德·苏格拉底·奥纳西斯创立了一个百年企业，为世人瞩目。多灾多难的他虽然在年幼时受到了良好的小学、初中教育，但是 16 岁时就因战乱而辍学，并没有获得大学证书。

他之所以成功，除了他不放弃的勇气外，还有他从小培养的经商能力。他的父母是经营烟草生意的商人，经常与一些船运老板洽谈有关运输方面的事宜。这时候，奥纳西斯总是饶有兴趣地站在一旁，仔细认真地观察对方的言行举止。他从小就接触并掌握了烟草行业的许多术语，还对船运知识有了一定的了解，而且还熟悉了商场上的很多规则和交往法则。他经常效仿那些沉稳而精明的商人的言行，并期待自己也朝着这一方面发展。

他是个稍微有些内向的孩子，经常面朝大海，欣赏大海的沉稳，完善自己的性格，从小他就希望自己能够驾驭大海。

对父母与其他商人洽谈的观察，使他能够在之后与其他商人的接洽中游刃有余；对烟草的了解，为他在 1929 年经营烟草，成为百万富翁积累了资本；对航运的了解，使他能够在 1931 年经济一片萧条的时候，有勇气用 12 万美元买下 6 艘船，从而开始了他的运输事业；沉稳的性格，使他在经历患难和商海沉浮时镇定自若，最终成就了世界上最大的私人商船队，他的名字也成了希腊船运的代名词。

那些只为改变生活而努力的人，时常为一个既得的利益而打乱人生规划，他们永远只能追赶生活，让生活牵引着。而那些为改变命运而努力的人，他们目光长远，把一生作为一个整体，有步骤地经营着自己，他们开始时追赶生活，而后超越生活，最后创造生活。

对于想改变命运的人，以下几点建议可供参考：

(1) 处于生活的困境中时，不要把目标仅仅定在改善生活层面上，要把目标定得更高远些，“求乎其上，得乎其中；求乎其中，得乎其下”。

(2) 在平静的生活中，不要让生活和工作消磨掉了进取的意志。

(3) 要敢于放弃眼前的利益。只有敢于放弃，才有机会为自己的高目标拼搏，才有机会成功。要跳出每做一件事情只看眼前利益、只想改变生活的心理圈子。

(4) 为自己的人生做一个整体规划，拥有一个属于自己的事业。

(5) 在为目标和事业拼搏的过程中，要敢于开拓、创新，才能越走越远，越攀越高。

7 丢掉你的“账本”，将人品经营好

俗话说：“小利靠辛苦，大利靠人品。”每个人都应在平时工作与为人处世中，处处把持诚信原则，事事多为别人着想，这样才能于不知不觉中交上一批对自己充满信心的朋友。有了这些对自己高度信任的朋友，许多问题就能迎刃而解了。

做事的智慧

日本住友银行理事长曾讲过下面一段故事。

有一年大地震，铜丝价格暴涨，以铜丝为原料的行业，都借机抬高产品价格。我有位制伞的朋友跑来和我商量这个问题，我奉劝他：千万不要趁火打劫，尽量用以前的价格。甚至还亲自去为他和客户接头，帮他推销。当时我们的做法，曾经遭受许多制伞商的指责，但我坚持，为了维护公司的信誉非这么办不可。

地震后的大变动逐渐过去了，商场渐渐恢复稳定，许多制伞同行都纷纷因货物滞销而遭受损失，甚或被迫倒闭，只有我朋友的公司屹立如故。只因为我们在大家哄抬物价时，不盲目跟从，让顾客对我们相当信任，并借着顾客对我们的信任，安然渡过了难关，而且还生意兴隆。

由此可见，贪图眼前利益的人，往往要付出更大的代价，遭受更大的损失！

专家点评

只顾埋头自己账本的人最终会走向穷途末路，而聪明的人始终重视经营和积累人品。虽然市场竞争充满了风险，但是善于经营人品的人也会一帆风顺，使自己的小舟变成大船，漂河过海驶入大洋，最后把自己的大船变成超级航母。

做事的禁忌

某酒店委托电视台播放广告宣传该酒店的“阳澄湖大闸蟹”，而实际上该酒店只有一般的肉蟹和青蟹。广告播出后，市场反响强烈，每天酒店外面车水马龙，有时顾客就餐还需要提前一天预约。经理看到这种情况，乐得笑弯了腰，加大了广告的投放力度，甚至在本来成色就很一般的大闸蟹上动脑筋，以次充好。

没过多久，酒店的生意开始冷冷清清，每天都入不敷出。经理以为是人们对广告的轰炸感到了疲倦，于是又拍摄了新的广告，继续加大广告投放力度。可是经营困境还是没有扭转，每况愈下。

虽然许多顾客慕名而来，但是在品尝过所谓的“阳澄湖大闸蟹”后，都知道这里大闸蟹并非是阳澄湖产的，味道也很一般，所以在口口相传中，那些慕名而来的顾客都不相信酒店的广告了。

专家点评

这种自以为聪明的人永远不会明白，没有顾客持续的支持，他的成功是不会长久的，而人们的吃亏也只是暂时的。

举一反三

很多人通常只考虑到自己，容易忽视做事的原则，而聪明的人总是先考虑对方需要什么，更重视经营人品。

所谓人品，可概括为人格和修养。不过现在“人品”所涵盖的范围正向多方面发展。好的“人品”是人生的财富，是助你成功的“本金”。

风云人物张朝阳正是通过“人品”融到了大笔的资金，更是带动了中国互联网产业的发展。

张朝阳在美国麻省理工学院学习的时候，就与他的老师——尼葛洛庞帝交情甚好。在尼葛洛庞帝眼中，张朝阳是个为人谦恭，有想法、有魄力的年轻人。

张朝阳毕业后回到中国，提出发展中国的互联网事业。可是他一人的努力根本难有作为，此时正是他的“人品”发挥了作用。他的一位在国家信息部工作的朋友，起到了为他搭桥铺路的作用。这位朋友召集丁磊、张树新等领军人物，他们聚集在一起召开会议，并请求国家给予支持。同时张朝阳的老师——尼葛洛庞帝为了支持弟子，来到中国演讲。不久，国家成立了“信息产业部”，为中国互联网事业的发展铺平了道路。更重要的是张朝阳通过其“人品”拿到了第一个投资——尼葛洛庞帝的22.5万美元作为创业的启动资金，以此为基础，他又融到了215万美元。

当时他被美国《时代周刊》评为“全球50位数字英雄”之一，成为中国网络经济中的第一个英雄式人物。

张朝阳在创业初期，以自己的人品与实力赢得了周围的人们，尤其是关键人物的信任和支持，所以，他才得以顺利地实现了自己的理想。

也许有人觉得张朝阳的经历太特殊，不是普通人、普通公司能遇到的。其实不论公司的大小、创业人的贫富贵贱，只要注重自身“人品”的经营与积累，成功终不会弃你而去。

禅悦是一家名不见经传的小公司，该公司创立之初的2005年，一位国外客户就曾一次预付100多万美金，而且不需要银行信用证保障。

类似这种深厚的信任关系，不是短时间就能够建立起来的，而是经过长时间的考验后才建立起来的，这就是人品的价值和力量。

积累的“人品”不光体现在朋友之间的互助上，在经营商品的同时，更要注重经营人品。要懂得舍与得的关系，只有能舍才能得。

如果你真诚地对待顾客，视顾客为上帝，那么顾客也会喜欢你的商品或服务，他们会体会到购物的乐趣，而且他们会把他们的这种快乐告诉给自己的亲戚、朋友、同事、邻居，让他们也来分享这种快乐。

海尔集团的发展，大家有目共睹，它不仅在国内市场遍地开花，更把业务稳定地发展到世界各地，成为外国人争相购买的品牌，它的成功离不开“人品”的经营。

海尔的营销不是卖产品而是“买”用户的心。海尔不断创新，不断探索信息时代的市场营销，创建了直销直发的模式。2006年，海尔开创了整套家电营销模式。整套家电成套服务，从售前到售后都有专业的VIP工程师为用户提供一站式的服务。对用户来说，整套服务免除了多次送货上门安装的烦琐。传统营销以产品为核心，希望将同一种产品卖给市场上更多的顾客。而海尔的整套营销，则以顾客为核心，把更多的产品或服务卖给同一个顾客。

这就是海尔飞速发展的原因。海尔真诚到永远的理念深深地打动了顾客。这也正是海尔经营“人品”的成功体现。

社会和生活是一本最实用的百科全书，在社会和生活中注重并且用心经营自己的人品，成功最终会来到。以下建议可供参考:

(1) 反思自己是否为了赢利而不择手段。如果是，则应多反思自己所受到的教训。如果没有受到教训，也不要心存侥幸，应该在教训发生之前自觉更正。

(2) 如果自己在诚信、产品、服务质量和态度等方面存在问题，哪怕有过小小的教训，也要深刻反省，改正过失，以赢取顾客的信任和支持。

(3) 如果你已经在诚信、产品、服务质量和态度等方面做得不错了，还要时常反省自己，不断完善、提升自己，以求精益求精。

第六章 做事找准方法

1. 千万别向自己妥协
2. 不要找理由来逃避责任
3. 说干就干，不为自己找借口
4. 别总抱怨环境，重要的是寻找方法
5. 安于现状等于自我套牢
6. 借助外力，成功来得更快
7. 成功的秘诀是对小事的积累
8. 任何理由都不能成为懒惰的借口

1 千万别向自己妥协

人生路途上总会遇到各种各样的挫折，当你遭遇挫折时，是选择跟自己较量还是跟自己妥协？如果你选择跟自己妥协，那么就注定你一生碌碌无为；反之，你就能看见成功在不远处招手。

做事的智慧

张雪萍小时候由于一场高烧，得了小儿麻痹症。为此，小小年纪，她就不得不拄着拐杖。

她一直想摆脱拄拐杖的命运。在小学的一次篝火晚会上，她把双拐扔进了火里。回家时没有了拐杖，她就扶着沿街的围墙一点点地挪动。到了没有什么可扶的地方，她就爬过去。从此以后，她再没有拄过拐杖。别人上学走十几分钟的路，她要“走”一个多小时。她的腿得到了锻炼，为以后的行走创造了条件。

后来，在父母的支持下，她到医院做了骨骼整形手术，在医院一待就是四年。做的手术多得记不清了，受的苦也一言难尽，但张雪萍一直都不放弃。最终，她真正走起来了。虽然每走一步都非常艰难，每迈一步都浑身疼痛。

张雪萍就是一个和自己不断较劲的人。在创业的路上，她更是如此。

张雪萍的父亲是一位有名的裁缝，因此她从小就会摆弄针线。高中毕业后，听说有家服装厂招工，张雪萍虽然很会做针线，但是想想自己是残疾人，于是犹豫了。一个追逐利益的企业，怎么会让她这种残疾人去做事呢？周围的人会不会歧视她？她心底的茧似乎要包裹住她时，她毅然握紧了拳头，前去报名了。服装厂的考试是缝纽扣，张雪萍轻轻松松就考了个第一，顺利进了服装厂。

第一天干活，她缝纽扣比老工人缝得都快。可是因为行动不便，她只能请别人帮她把衣服抱来，缝好后再请人抱走。一天干下来，别的工人不愿意了，“同样是缝纽扣，我为什么要给她抱衣服呀？”厂里只好把她辞了。

失去了工作，张雪萍就帮父亲卖布。有的时候父亲进的布不好卖，张雪萍就拿回去裁裁剪剪，给自己做一件衣服。没想到，她一穿到店里，便有很多顾客围过来，问她衣服是在哪儿买的。她说，是用店里的布自己做的。顾客纷纷买下她的布，请她照着那个样子做，很快积压的布就卖了出去。以后再遇到卖不动的布时，她就花心思给自己做一身漂亮衣服，积压的布就这样都被卖了出去。

卖布卖了 10 年，她对自己越来越有信心了，她的心也越来越高。她开了个服装厂，开始生产销售自己设计的衣服。

经营公司的过程是艰难的。虽然艰难，但是她从没有放弃过。她在跟命运抗争，更是在和自己较劲。她努力提高自己的服装设计水准，用心设计服装的式样，因而生意越做越好。“非典”的时候，商场冷清，她的生意也大幅缩水。衣服卖不掉，资金就收不回，可商场的租金要交，工人的工资要付，她开始考虑多种经营。她关了商场的专柜，开始做团体服装，并涉足珠宝业和医疗器械。经过多年的发展，这几项都做得有声有色。现在，她不仅自己闯出一片天地，还吸收了30多个残疾人在她的企业工作。

一个残疾女孩，最终战胜了自己，改变了命运。

专家点评

张雪萍用实际行动告诉我们，即使肢体残疾，但如果你永不和自己妥协，那么你就一定能战胜自己，改变命运。

做事的禁忌

小王是农村出身的大学生，家境贫穷，长相也不出众，他一直都很自卑。上大学时，他只知道学习，经常不愿在班里的或学校的活动中露面。

可是，他心中却一直渴望出众，渴望被人认同。于是，大二时他鼓足了勇气，决定自己创业。通过了解，他找到了市里的一家批发市场，批发了一些小贺卡，打算在圣诞节时向同学们推销。

当一切都准备就绪后，到了圣诞那天他却对着自己进的那一百元的货发起了呆。他想象着自己在校园摆摊的情景，当众被人围观的感觉，还有好多熟人。他实在没有勇气走出这一步。班里同学会不会笑他穷得摆地摊了？他的犹豫和胆怯最终让他错过了圣诞节的机会，那些贺卡一张都没有卖出去。这次失败在他心里留下了阴影，他一直认为自己软弱，甚至一直逃避社交。

大学毕业时，同学们都为工作而各处奔波，他却一直拖延。直到毕业后几个月才找到了一份普通的工作。他的工作很少与人接触，且竞争压力也小。他心里一直想再创业，可又始终觉得自己肯定失败。他就这样一直活在自己的空虚和感叹中。

专家点评

其实，小王有创富和被人肯定的渴望，并且他也不乏潜质，但他却因自卑一再地和自己妥协。因此，归根结底，他是自己把自己打败了。

和自己妥协，必将被自己打败；和自己较劲则能转变命运的劣势，成为掌握自己命运的强者。一个聪明的人，绝不会屈服于命运，绝不会和自己妥协。

举一反三

曾有过这样一则新闻：一位犯罪分子被判处极刑，临刑前他痛哭流涕，后悔不迭，说："都是我自己害了自己！"

这让人不由得想起这样一句广为流传的话："人最大的敌人就是自己。"

生活中，我们每个人都想成为强者，但我们必须和"自己"这个最大的敌人不断较量，才能最终品尝成功的快乐。体育运动员要付出艰苦的训练，战胜自己的惰性，在赛场上还要调整自己的心态，战胜自己的紧张，这样才可能赢得胜利。

在动物界，跳蚤应该算得上最优秀的“跳高健将”，其迅即跳起的高度，竟然能达到其身高的100倍以上！

有科学家对跳蚤做过一个这样的试验：

在一只跳蚤的头上罩一个玻璃罩，一拍桌子，跳蚤就会迅速跳起来。然后碰到玻璃罩。为避免碰到玻璃罩，跳蚤会主动调整自己跃起的高度。

为此，科学家逐渐降低玻璃罩的高度，而跳蚤则不断改变自己跳跃的高度。最后，当玻璃罩的高度低至几乎与桌面接触时，跳蚤已不能再跳了。

科学家于是把玻璃罩打开，再拍桌子，这只跳蚤竟然变成了不会跳、只会爬的“爬蚤”了。

跳蚤在一次次的受挫后，变得麻木了，丧失了跳跃的思想，最终竟然连跳跃的能力也彻底丧失了。于是，当现实的玻璃罩已经不存在后，跳蚤心中的玻璃罩却依然存在，它已经不敢再跳，彻彻底底地变成了一只“爬蚤”。

生活中像那只跳蚤一样的人很多，他们“一朝被蛇咬，十年怕井绳”，因为曾经在人生路上经历过某些挫折，便在遇到同样的困难时会习惯性地选择回避，丧失了挑战困难的勇气。

事实上，时间在改变着一切，过去难以逾越的障碍，也许在今天根本就是很容易完成的事，只是因为你人为地放大了困难，把“井绳”当成了“蛇”，不敢去尝试突破，结果将自己局限于越来越小的范围内，以致丧失了本来属于自己的机会。很多时候，只要你敢于尝试着去寻找解决问题的方法，而不是被原来的失败经验所吓倒，那么很快你就会发现，原来的所谓困难是不存在的。这时你再回头看曾经在“玻璃罩”中的自己，就会为自己当时短浅的目光和怯懦的心态而感到可笑。

还有很多人会因为自己的学历、年龄，甚至身高、相貌等自惭形秽。如我们经常听人说，外语啊、电脑啊，都是属于年轻人的，我已经老了，好多东西都已经学不会了。其实他们这样想，是因为被自己的思维束缚了。年老时不是学习外语或电脑的最佳时期，但这并不代表就一定学不会，只不过需要比年轻人付出更多的努力罢了。

很多时候，阻碍我们成功的，仅仅是我们心理上的障碍和思想中的顽石。其实，只要我们敢于尝试，成功也许比想象中要容易很多。

因此，要做一个具备开拓精神的人，就不应自怨自艾，不要和自己妥协。只有和自己较量，才能拥有一个强大的自我，才能披荆斩棘，走向成功。

如果你想冲破思维定势，跨越种种自我设置的障碍，把事情做成，那么以下几条建议可供你参考:

(1) 回想一下自己以往所做之事，有没有把事情拖到第二天的情况？是否总是找不到自己要用的东西？……以上事情如果经常发生，那说明你喜欢向自己妥协，因此不要犹豫，积极克服。

(2) 每纠正一次就奖励自己一次，每次做不到都要认真地惩罚自己一下，至少要做到反思。

(3) 回忆一下自己与人相处的情景，有没有和别人闹得不愉快的时候，真的只是对方的原因吗？你自己身上是否有一些习惯阻碍了你更好地发展人际关系？如果有，那么好好地反思并努力改正。

(4) 和自己较量，不仅要反思自身，还要“对外开放”。经常观察别人的优点或者好的行事方法，分析别人的错误，从中汲取经验、教训，以提高自己。

2 不要找理由来逃避责任

一个人值不值得信赖，就看他有没有责任心。责任心是直接关系到一个人做人成败的关键因素。一个人要敢于承担责任，不仅要对自己负责，也要对他人负责，这样才能在工作中发现自己的不足，从而加以弥补，不断进取。

做事的智慧

一天，一位日常用品的推销员走进一家小商店，看到主人正忙着打扫卫生，他热情地向店主介绍和展示自己公司的产品，然而店主却默默地望着他，对于他的举动毫无反应。

对此，推销员毫不气馁，他又主动地拿出自己所有的样品向店主推销。他认为，凭着自己的热情、执著以及完美的推销技巧，店主一定会被他说服而最终向他购买产品的。但是，令人出乎意料的是，店主愤怒万分，用扫帚将他赶出了店门。

莫名其妙的推销员被店主的愤怒震惊了，他决心查出原因。于是，他去其他推销员那里了解情况，终于清楚店主对他如此不满的原因了。原来，由于他前任推销员工作上的失误，使这个店主积压了大批的存货，大量的资金无法周转，经营也因此受到了牵制。虽然这件事和他并没有关系，但他认为作为公司的一分子，他有义务解决前任推销员所遗留下来的问题，更有责任通过自己的努力来挽回公司在信誉方面的损失。

于是，他疏通了各种渠道，重新做了安排和部署，并利用自己的人际关系请一位较大的客户以成本价买下了店主的存货，使店主积压的资金得以回笼。结果是不言而喻的，他受到了店主的热烈欢迎。

专家点评

这个推销员用自己的责任心帮助公司重新赢得了客户的信任，同时也为自己的推销工作开创新的途径。

做事的禁忌

一个老船夫有两个儿子。一天，老船夫带两个儿子出去帮助别人装运瓷器。这天遭遇逆风，老船夫便对两个儿子说：“今天光摇橹是不行了，你们上岸拉纤，我在船上掌舵，这样可以快些。”

两个儿子上了岸，一前一后拉纤，船行得果然快多了。

没过多久，老大想，平时父亲疼爱老二，我干吗要这么卖力，反正有老二出力，我少用点劲也没什么关系。他装出用力的样子，实际上没有使多大劲。

老二也想，老大吃得多，力气大，应该多出力，反正有老大出力，我少用点劲也不要紧。他也装出用力的样子，实际上也一点都没有用劲。

风更急浪更高了，货船非但不向前反而急速向后退。老汉在船上大声呼喊，让儿子用力拉纤，两个儿子这时才意识到问题的严重性，拼命地拉纤，可是已来不及了。船一个劲地向后退，他们也被纤绳倒拉着，"扑通"一声坠入了河中。失去控制的船撞在石岸上，一船瓷器被震得粉碎，船也撞坏了，老船夫连连叹气。

水中的兄弟俩你看看我，我看看你，羞愧地低下了头。

专家点评

这则故事的结局让人叹息，因为兄弟俩都不肯承担起自己应该承担的责任。在工作上不尽心尽力，而是互相推托，最后吃亏的还是自己。

举一反三

米兰·昆德拉说："一个人身上的担子越重，就越能感受到生活的充实与快乐。"任何人注定都要承担一部分责任，创造一部分价值，担起生命的重担。事实证明，担子越重，脚印越深；脚印越深，步子越稳。这样，做起事情来才有质量。

美国前总统肯尼迪说："不要问国家能给你什么，而要问你能为国家做点什么。"台湾著名国学大师耕云先生在台北和北京多所大学里也反复强调一句话："活在责任和义务里。"他一再告诫学生每个人都是社会的一分子，要尽到对社会的责任和义务；同时又是家庭的一分子，也要尽到对家庭的责任和义务。他说，如果我们每个人都能对社会和家庭尽到应尽的责任和义务，那么我们这个社会就少了许多纷争和掠夺，少了许多奸险和罪恶，而多了一些安宁和祥和。

什么是"人"？一个重要的标志就是有无责任心。

我们去银行存钱，是因为我们相信银行，银行会对我们负责。我们去医院看病，取了药就回去吃，没怀疑过，也是因为我们相信医院，医院会为我们负责。

由此可见，责任在另一种意义上就是相信，即信任，责任产生信任。一个有责任感的人，他会为自己的承诺，为自己的行为负责。这样的人才是一个有信用的人，是一个真正成熟的人。

年轻人要想成就大事业，首先就要学会负责任。这个负责包括对自己负责，还包括对别人，对你的事业、工作、家庭、国家、等负责。

生活是自己的，要培养自立精神，自己作决定，并承担它的后果。人一生难免会作许多决定，也许有很多错误的决定，但就是这些错误的决定才让你不断吸取教训、不断成长、慢慢成熟。也许有的人害怕负责任就是因为要作决定，同时意味着有一半的概率作错误的决定，并承担后果，但这就是成熟，这就是成熟的代价。没有这些错误的决定，你就不可能成熟，将来也就不可能作出更加明智的选择和判断。

一个人生活在这个世界上，就必须承担属于他的责任，履行属于他的义务。主动承担责任，就会感到身上有一股无形的压力；有无形的压力，就会具备谋求生活的动力；具备谋求生活的动力，就会有信心把自己承担的责任承担到底。同理，主动履行义务，就会两肩担道义；两肩担道义，就会一身正气；一身正气，就会有力量把自己应尽的义务履行到底。

当然，任何人肯定都无法令每个人满意，但只要有颗负责任的心，坚持做自己，就会成为一个成功的人。

3 说干就干，不为自己找借口

有些人在做事的时候，喜欢为自己找借口，而不是马上去做，结果要做的事情只会继续拖下去，生活也会因“借口”而失去光彩。

做事的智慧

一个年轻人在大学读书，有一天他向校长提出了改进大学教育制度弊端的若干建议，但他的意见没有被校长采纳，于是他决定自己办一所大学，自己当校长来消除这些弊端。

办学校至少需要 100 万美元。上哪儿去找这么多钱呢？毕业后再去挣，那太遥远了。于是，他每天都在寝室内冥思苦想如何能有 100 万美元。同学们都认为他有精神病，梦想天上掉下钱来。但年轻人不以为然，他坚信自己可以筹到这笔钱。

终于有一天，他想到了一个办法。他打电话到报社，说他明天准备举行一个演讲会，题目是《如果我有 100 万美元》。第二天的演讲吸引了许多商界人士。面对台下诸多成功人士，年轻人在台上全心全意、发自内心地说出了自己的构想。最后演讲完毕，一个叫菲利普·亚默的商人站了起来，说："小伙子，你讲得非常好。我决定投资 100 万，就照你说的办。"就这样，年轻人用这笔钱办了亚默理工学院，也就是现在著名的伊利诺伊理工学院的前身。这个年轻人就是后来备受人们爱戴的哲学家、教育家冈索勒斯。

专家点评

人对于自己的一生必须有美好的憧憬，但是，这种憧憬是不可能靠着空谈和等待实现的。功成名就的人都是付出行动解决问题的人，他们依照正确的原则掌握主动，做了需要做的事情，并完成了人生目标。

做事的禁忌

汤姆和杰克逊是邻居，他们的家坐落在离村庄不远的山坡上，那里空气清新、景色宜人，而且每到春夏交替的时间，山花与松叶所散发的清香就会弥漫整个山谷，惬意极了。然而美中不足的是，在通往他们两家的路上，有一棵胡杨树挡在路当中，每次开车路过时，他们都不得不小心翼翼地绕过它。

一天，汤姆和杰克逊在路上相遇了，他们商量要把这棵树砍掉，以免麻烦，而且最好明天就动手。

“可是……可是我明天要到明尼苏达去，我有一个非常重要的公务！”汤姆说。

“那么就过几天好了，我想我们会干得很好的！”杰克逊耸了耸肩说。然而，事情的发展并没有像杰克逊所预想的那样。几乎每次谈到这件事，他们都会有一些意外的事要去处理。就这样，日子一天天地过去了，1 年、2 年、5 年、10 年、20 年……当他们已是须发斑白的时候，一天，两个老人再次在树旁相遇了。

“老伙计，我们真的应该把它砍掉了，要不然琳达和凯森会在这里出事儿的。你看，这家伙的体形越来越大了，占据了半条路的空间。”杰克逊摸着已经长得粗壮如柱的胡杨树说。

“是啊，这么久了，我们还是没有砍掉它，这回我们该用锯子锯喽！”汤姆边说边蹒跚着向家里走去，他决心用小钢锯锯断它。

可是，由于他们都已年迈，已经拉不动小钢锯了。

专家点评

生活中，为了一点儿小小的理由而放弃今天要做的事情，这种情况比比皆是。要知道，那些由“但是”组成的理由，只会让人们失去处理问题的最佳时机，除此以外，不会带来任何好处。

举一反三

总是为自己找借口的人，无一例外的都是失败者。相反，一个人越是成功，越不会找借口。成功的人与没有什么作为的人之间的差别之一，就在于是否为自己找借口。

只要稍加留意就会发现，那些没有任何作为，也不曾计划要有所作为的人，经常会有一箩筐的理由来解释：为什么他没有做到，为什么他不做，为什么他不能做，为什么他不是那样的。失败者总是会为自己的失败找出各种借口。

一个失败者一旦找出一个“好”的借口，他就会抓住不放，然后总是用这个借口对自己和其他人解释：为什么他无法再做下去，为什么他无法成功。起初，他还能明白他的借口多少在撒谎，但是在不断重复后，他就会越来越相信这个借口的真实性，相信这个借口就是他无法成功的真正原因，结果他的大脑就开始怠惰、僵化，让努力成功的动力化为零。

善于找借口是懦弱者的行为，也是制造失败的根源。

最常见的借口就是健康的借口，一句“我的身体不好”或“我有这样那样的病痛”，就成了不去做或失败的理由。

很多人会完全或部分屈服于这种借口，但是一心要成功的人则不然。曾有一位大学教授，他在一次旅行中不幸失去了一条手臂，但他就像每一个乐观者一样，还是经常微笑，经常帮助别人。那天在谈及他的残障问题时，他说：“那只是一条手臂而已，当然，两个总比一个好。但是切除的只是我的手臂，我的心灵还是百分之百的完整与正常。我实在是要为此感谢。”

有这样一句话：“我一直在为自己的破鞋子懊恼，直到我遇见一位没有脚的人。”庆幸自己的健康远比抱怨哪里不舒服要好得多。为自己拥有的健康感谢，能有效地预防各种病痛。

“我不够聪明”的借口也很常见，几乎有95%的人都有这种想法，只是程度不同而已。这种借口与其他的不同，人们通常不会公开承认自己不够聪明，多半是在内心深处这样想。

大多数人对“才智”有两种基本的错误态度：太低估自己的才智和太高估别人的才智。因为有这种态度，许多人才轻视自己。他们不愿意面对挑战，因为他们认为那需要相当高的才智。而事实上，只有认为自己愚蠢的人才是真正愚蠢的。

真正重要的不在于你有多少聪明才智，而在于你如何使用你已经拥有的聪明才智。要成为一个好的商人，不需要有闪电般的灵敏，不需要有非凡的记忆，也不需要在学校名列前茅，唯一的就是对经商要有强烈的兴趣和热情。兴趣和热情是决定成败的重要因素之一。事情的结果往往与我们的热情程度和兴趣是否浓厚成正比。

一个才智普通的人，如果有乐观、积极的处世态度，将会比一个才智杰出却悲观、消极的人更容易赢得尊敬，也更容易获得成功。

引导我们发挥聪明才智的思考方式，远比才智本身更重要，即使学历再高也无法改变这项基本的成功法则。天生的才智和教育程度不是业绩好坏的原因。要改善天赋的素质绝非易事，但改善运用天赋的方法却不困难。

很多人都迷信所谓的“知识就是力量”，但这句话要全面地理解。拿“才智不足”当借口的人，也是错解了这句话的意义。书本知识只是一种潜在的力量，只有将书本知识付诸应用，才会真正显出它的力量。

在标准石油公司，永远没有活字典式人物的位置，因为不需要只会记忆、不会思考的“专家”。这里要的人是真正能够解决问题、想出点子的人，是有梦想而且勇于实现梦想的人。有创意的人能为公司盈利，只能记忆资料的人则不能。

一个不以才智为借口的人，绝不低估自己的才智，也不高估别人的才智。他善于运用自己的资本，发掘自己的优势。他知道真正重要的不在于他有多少才智，而在于他如何使用现有的才智。他会常常提醒自己：我的心态比我的才智重要。他有“我一定要赢”的强烈渴望。他知道要运用自己的才智积极创造，用自己的才智寻找成功的方法，而不是用来证明自己的失败。他还知道思考力比记忆力更有价值，他要用自己的头脑来创造新观念，寻找做事的更好方法，并随时提醒自己：我正在用我的才智创造历史，而不是在记录别人创造的历史。

此外，关于运气的借口也比较多见。每一件事的发生必有原因，但很多人总会把自己的失败归因于运气太坏，看到别人成功时，就认为那是因为他们运气太好。

如果由运气决定谁该做什么，每一种生意都会瓦解。假设标准石油公司要根据运气来彻底改组，就要将公司所有职员的名字放入一个大桶里，第一个被抽出的名字就是总裁，第二个是副总裁，……这样看似可笑，但这就是“运气”的“功能”。

不要屈从于命运，要相信因果定律。那些似是好运当头的人，其实并不是运气使然，而是准备、计划和积极的努力为他们带来了成功。而那些“运气不好”的人，背后都有明确的原因。成功者能面对挫折，从失败中学习，再创契机，而平庸者往往就此灰心丧气。

一个人不可能靠运气而成功，必须付出努力的代价。运气本身并不能带来美好的事物，应该集中全力去发展自我，修炼出使自己变成“赢家”的各种特质。

借口把绝大多数人挡在了成功的大门之外，很多失败都是因为人们习惯于找借口。因为在追求成功的过程中，最重要的一步就是不要为自己找借口。

4 别总抱怨环境，重要的是寻找方法

抱怨就像思维的一种慢性毒药。在我们的大脑中毒的同时，我们的人生态度、行动也被“抱怨”这种强烈的毒药所浸染。在抱怨的生活中，我们的意志不断被消磨，就像蚂蚁溃堤一样，精神之堤瞬间被生活的洪水化为乌有。

做事的智慧

刘丽华，华丰塑料厂的老总，现有固定资产 300 多万元，职工 52 人，2005 年上缴利税 20 多万元。

她曾经也是一个穷苦人，甚至因为穷困差点自杀。1983 年 6 月，刘丽华刚生下儿子十几天，丈夫便抛弃了她。她带着孩子回到娘家，与娘家 6 口人挤在 14 平方米的简陋房子里。母亲长期卧病在床，父亲腿脚还有残疾。拉扯孩子，照顾老人，刘丽华肩上的担子何其沉重！

为了生活，她在工作之余帮人缝制服装，一干就是数年。她还到附近的砖窑做脱坯、清窑这种男人们干的体力活。砖窑内的温度高得吓人，手不小心碰到刚出炉的砖坯，立刻连皮带肉都会粘下来。苦难不停地向她袭来，她儿子突发肺结核，无钱医治，企业停产，她又下了岗。这位弱小的女子走到了人生的绝境。1988 年 12 月 30 日这天，她抱着 6 岁大的儿子一狠心准备跳江时，幸好一个老人反应迅速，拦腰把她和儿子拽了回来。

“孩子，咋这么想不开？没有迈不过去的坎儿，你还抱着孩子……”老人的关切让刘丽华落了泪。在老人的一番劝解下，她的心情开始平复。江岸边各工厂的职工陆续下班，善良的人们纷纷向她伸出援手：两元、三元……

刘丽华被人们的好心感动了，她不再向命运屈服，她要改变自己，重新再来！她把好心人捐的钱给儿子买了一瓶治疗肺结核的药和一袋奶粉，并决定用余下的钱创业！

她曾在塑料厂工作过，她决定用掌握的技术加工塑料包装。没有资金买热合机，她就自己做。她用一张旧课桌当机身，用皮筋儿当弹簧，用从垃圾堆中捡来的废电熨斗里拽出的云母片当电热条。由于缺少调压器，她的“热合机”烧坏了，知道原因后她又去垃圾堆里翻了很久找来了一个旧调压器，她终于有了“设备”。

这时，一位亲戚提供了一间平房给她，这样她又有了“厂房”。

刘丽华的第一桶金得来得很辛苦。

吉林市毛线厂离平房很近，刘丽华骑着自行车到毛线厂要活，可一连十多天供销科的人都不理她。为了接到业务，她甚至接受了每个包装袋 1 角 7 分钱的价格，并且决定第二天就交样品。

为了拿下这笔业务，刘丽华一夜未合眼，赶制了 2000 个包装袋。当她把产品放在供销科的桌上时，供销科长和在场的人都惊呆了。他们不相信这样的包装袋出自一个小作坊，更不相信她能接受 1 角 7 分钱的价格。她的真诚和产品质量打动了客户。科长当即表示先订 10 万个，10 天内做完，并主动把价钱提到 2 角 4 分钱，还让刘丽华先领 4000 元的料钱。刘丽华的保质量和重信誉让毛线厂的科长很感动，他们此后又把 40 万个包装袋的活给了她。这两次活干完，刘丽华拿到了有生以来赚到的最多的一笔钱——1 万元。

不久，刘丽华投资 1000 元建成了个新厂房。8 年过去了，1996 年 6 月，刘丽华的生产规模扩大了许多。凭着一股韧劲，她已积累了上百万资产。然而，刘丽华依旧在不断改变自己，不断提高自己。她后来还搞起了彩印，并且让她的彩印企业在同行业中脱颖而出。

可是，苦难并没有放过她。2003 年 1 月 8 日，她的厂房和许多货物被一场无情的大火烧成了灰烬。她的人生又一次走入了低谷。但是，一个真正的强者不会有任何抱怨，她顽强地准备从头再来！

当时，工厂面临两个情况。一是重新建厂；另一个更为急迫，货物没了，如何保证客户准时提货？刘丽华并没有隐瞒任何消息，她当即把所有客户都找到现场，并向大家做出了保证。她的诚心打动了所有的人。

为抢回时间，刘丽华派工人到其他厂家租用机器，带领工人赶活。在他们的奋斗下，终于完成了春节前的订单。为完成节后订单，刘丽华又筹集资金添加了一些彩印机……

2003 年 9 月，刘丽华与美国圣马丁市市长和兄弟集团总裁当·龙先生签下了 200 万美元的产品协议。从此，她的产品打向了国外市场。

专家点评

刘丽华，一个离异女子，独自带着孩子，同年迈残疾的父母住在一起，可谓穷困之至，但是，她没有抱怨环境，没有向命运屈服，相反，她努力改变自己，努力适应社会。她的成功来源于人生态度的改变，来自于她不断提升的社会适应能力，来自于一颗勇于改变自己、不断挑战命运的伟大心灵！

做事的禁忌

有一个船夫突然发现有一只小船迎面向自己快速驶来，眼看两只船就要撞上了。

“让开，快点让开！你这个白痴！”船夫大声吼叫，但那只船并没有丝毫避让的意思。结果撞上了。他大声斥责说：“你不会驾船啊，这么宽的河面，你竟然撞到了我的船。”

当他怒气冲冲地来到那只小船上时，才大吃一惊，小船上空无一人。

专家点评

在多数情况下，那个一再惹怒你的人，决不会因为你的斥责而改变他的航向。如果能从自己身上做出些改变，往往能更好地解决问题，也让自己在走向快乐的同时，拥抱成功。

举一反三

不少人把自己贫穷的原因归咎于环境，他们抱怨社会不公，一味地从外部找原因。当不少人对自己的出身大倒苦水，把贫穷当成魔鬼时，有一个人却说出了相反的话，他就是日本的卡西欧计算机社长杜尾忠雄。在被《朝日新闻》的记者问及“获得成功的秘诀是什么”时，他语气铿锵地说道：“当然是贫穷！我切身体会到，贫穷是父母所留下来的最大财富。因为贫穷，使人想到要奋发图强，从身无分文、白手起家创立事业，最终目的就是要赶快从贫穷中脱离嘛！我以前最常想的就是，要过像样的生活，要吃像样的食物……”

杜尾忠雄曾经一无所有，可是他却创建了自己的公司，而且使该公司成为东京证券交易所第一个上市的公司。他如愿以偿，成了富翁。

如果杜尾忠雄只是一味地抱怨自己的父母，抱怨环境，只会在自己幻想的富有生活与现实的反差中失落愤慨，而不去奋发图强，他又怎么会有今天呢？

有句话说得好：改变能改变的，接受不能改变的。既然我们无法改变所处的环境，不如改变自己，去适应社会，提高自己，利用一切可以利用的社会资源，实现自己的梦想。

一个人不可能总是生活在同一个环境中，即使是生活在同一个环境中，环境也会时常发生变化，如果不能适应变化的环境，只能归于失败。

停止抱怨，不要埋怨环境与自身条件，应该准确地评价环境，努力寻找有利条件。判断哪些是自己可以改变的，哪些是自己不能改变的。对于不能改变的，要学会适应，学会容忍。

准确地评价自己，找出自己的特长，发现自己最感兴趣的事和自己能力所及的事情。从才能、素质、兴趣等自身条件出发，综合外部因素，考虑客观条件的许可，给自己准确定位，制定目标，根据自己的特长来设计自己，坚信“适合自己的就是最好的”。把自己奋斗的目标定位在自己所热爱的事业上，不能选择自己兴趣不大或者毫无兴趣的事。量力而行，无论做什么事情，既要考虑自身条件和能力，又要考虑外部因素。不能坐等机会，要自己创造机会，才能更好地适应社会、发展自己。

富兰克林曾经说过：“贫穷本身不可怕，可怕的是自认为命定贫穷，或必须老死于贫穷的信念。”的确，贫穷没有什么可怕的，可怕的是因为贫穷而失去了自我，失去了改变自己、迎接挑战、勇于奋斗的勇气。

下面的一些建议，希望能成为你成功路上的一个助力：

(1) 当要对一件事情抱怨时，不如静下心来想一想，从主观方面找原因：自己的态度积极吗？自己的社会适应能力如何？自己的自我纠正能力如何？自己努力的程度够吗？……多从主观方面找原因，养成习惯，并让它辐射到其他方面，乃至辐射到对自己现状的看法上。长期坚持这样做，你就会让自我反思、自我纠正成为一种自觉的力量。

(2) 改变自己、提升自己的一个好方法就是经常与成功者们接触。也许你没有和成功者们直接交往的机会，但是你可以创造机会。平时多看一些他们成功的历程，多想想他们说过的经典话语，感受一下他们的精神。“神交”得久了，潜移默化中你自己就会接受他们的思维方式，同时也就能够学会改变自己，战胜自己，不断提升自己的社会适应能力和做事能力。

5 安于现状等于自我套牢

超越和进取是一种拒绝平庸的生活态度，也是一份挑战自我的人生宣言。拿破仑说：“不想做将军的士兵不是好士兵。”同样，我们在工作中也应当积极进取，主动晋升，不要安于现状。

做事的智慧

外表温文、满脸笑容的吴士宏曾经是北京一家医院的普通护士。用吴士宏自己的话说，那时的她除了自卑地活着外，一无所有。她参加了高等教育自学英语的考试，在还差一年毕业时，她看到了报纸上 IBM 公司在招聘，于是她通过外企服务公司准备前去应聘。此前外企服务公司向 IBM 推荐过好多人都没有被聘用，吴士宏虽然没有高学历，也没有外企工作的资历，但她有一个信念，那就是绝不允许把我拦在任何门外。结果她被聘用了。

据她回忆，1985 年，她为了离开原来毫无生气甚至满足不了温饱的护士职业，凭着一台收音机，花了一年半时间学完了《许国璋英语》三年课程。正好此时 IBM 公司招聘员工，于是吴士宏来到了五星级标准的长城饭店，鼓足勇气，走进了世界最大的信息产业公司 IBM 公司的北京办事处。

IBM 公司的面试非常严格，但吴士宏顺利通过了筛选。到了面试即将结束的时候，主考官问她会不会打字，她条件反射地说："会！"

"那你一分钟能打多少字？"

"您的要求是多少？"

主考官说了一个标准，吴士宏马上承诺可以。因为她环视四周，发觉考场里没有一台打字机。果然，主考官说下次录取时再加试打字。实际上，吴士宏从未摸过打字机。面试结束后，吴士宏飞也似的跑回去，向亲友借了 170 元买了一台打字机，没日没夜地敲打了一个星期，双手疲乏得连吃饭都拿不住筷子，却奇迹般地敲出了专业打字员的水平。过了好几个月，她才还清了这笔对她来说不小的债务，而 IBM 公司却一直没有考她的打字水平。靠着这种不断进取的精神，吴士宏顺利地迈入了 IBM 公司的大门。

进入 IBM 公司的吴士宏不甘心只做一名普通的员工，因此，她每天比别人多花 6 个小时用于工作和学习。于是，在同一批聘用者中，吴士宏第一个做了业务代表。接着，同样的付出又使她成为第一批本土经理，然后又成为去美国本部从事战略研究的人。最后，吴士宏又第一个成为 IBM 华南区的总经理。这就是付出的回报。

1998 年 2 月 18 日，吴士宏被任命为微软(中国)有限公司总经理，全权负责包括香港在内的微软中国区业务。据说为力争她加盟微软，国际"猎头公司"和微软公司做了长达半年之久的艰苦努力。吴士宏在微软仅仅用了 7 个月的时间就完成了全年销售额的 130%。在中国信息产业界，吴士宏创下了几项第一：第一个成为跨国信息产业公司中国区总经理的内地人；唯一一个坐在如此高位上的女人；唯一一个只有初中文凭和成人自考英语大专文凭的总经理。在中国经理人中，吴士宏被尊为"打工皇后"。

正是这种不安于现状、主动晋升的进取精神，成就了吴士宏事业上的辉煌。

做事的禁忌

乔伊是家里的独生子，今年已经 24 岁，母亲在他很小的时候就过世了，父亲是普通的公司职员，父子俩过着平淡的生活。

有一天，乔伊和父亲得知了祖父离世的噩耗。祖父年轻时是个富商，留下一笔巨额资产。由于家人都分散在天涯海角，这笔遗产自然到了乔伊名下。

伤心之余，乔伊对这笔丰厚的“礼物”很满意，他离开父亲准备自己出去闯荡。

一个礼拜后，乔伊先在一个城市买下一处别墅。

两个月过去了，乔伊根本没有任何打算，钱倒是花出去了不少，添车添房，花天酒地。他心想：我现在这么有钱，我还愁什么？先快活一阵子吧，时间有的是。

就这样过了五年，乔伊一直沉浸在花花世界中不能自拔。一天他从国外游玩回来，回到自己的别墅，才发现这栋房屋已经被政府挂上“拍卖”的牌子，原来自己已经负债累累。他再也回不去了，再也找不回从前的自己了，再也没脸回去投靠家人了。

专家点评

在这么好的条件下，乔伊居然没有用巨额的资产来帮助自己成功，甚至没有去做一些有意义的事情，相反，他拿这些钱来挥霍，并不断给自己找借口，最后只能落得个可悲的下场。

举一反三

在美国，许多高中毕业纪念册中，都列有“明日之星”英雄榜，也就是选出准毕业生中最有可能成为精英之类的人物。在一所高中，1966年的毕业纪念册上，史蒂文·斯科特的名字并不见于多项“明日之星”的候选人中，而且，他自己认为就算是在上面，恐怕也没人会投他一票。今天，那些老毕业生也许都想不起这个人是谁。

不出众的容貌和缺乏运动细胞，使他无法成为校园中的风云人物，而平均为“B”的成绩，也不足以让他跻身优等生之列。

同校的另一位史蒂文的境遇与他颇为相似。他的长相和运动才能平平，成绩和斯科特一样普通，好在他是位弹竖琴的好手，是学校乐队的一员。不过在高中橄榄球比赛中，乐队的风头总被风光的运动员所掩盖。这两位平凡的史蒂文甚至彼此谁也没有注意过谁。以至于若干年后他们才惊讶于彼此曾经是高中同学。

史蒂文·斯科特的名字对于我们中国人来说可能有点儿陌生，但在美国却是妇孺皆知的。他就是美国电视广播公司的合伙人之一，而美国电视广播公司被称为美国最具生产力的公司。

另一个史蒂文，当我们写出其名字的另一半时，读者一定会咂舌的，他就是史蒂文·斯皮尔伯格。没错，他就是电影《E.T.》、《辛德勒的名单》以及《世界大战》的导演。

以“校园标准”来说，两位史蒂文都是毫无成就可言的人。没有人会认为他们将来会有出息，但他们今天的成就却是有目共睹的。

大多数人都受制于这样狭隘的标准：年轻时没什么值得一提的表现，就认定自己一辈子不会出人头地，甚至根本不去尝试取得任何的成就。而那些成功者则懂得，世界上没有微不足道的成就，所有点点滴滴的成就都很重要，它们可能就是未来功成名就的垫脚石。他们从来不会把过去的失败当做现在或未来缺乏成就的借口，而因此限定了自己的表现，他们懂得这两者并没有绝对的关联。

一年前毕业于复旦大学的陈梅，毕业后南下，在深圳的一家报社工作。由于语言不通，干得不愉快，萌生了跳槽的念头。

起初，她认为凭借复旦大学新闻系的文凭，找份差不多的工作根本不会费力气。没想到，在接连的几次面试中，对方对自己的复旦文凭竟一点儿都没有反应。

她感觉这和她毕业前找工作时的情形大不相同。那时，只要一自报家门，招聘的人没有不对她另眼相看的。她想：难道仅仅一年，我的名校文凭就贬值了吗？

一年前毕业于北京大学的姚兰和陈梅有着同样的困惑。毕业后她在一家外贸公司工作了一段时间，觉得工作枯燥无味，收入也比不上同届毕业的其他同学，就找了个机会和经理面谈，想换一个部门，并且提高工资。

"我是去年从北京大学毕业的……"没等她说完，经理就微笑着打断了她的话："那是你的过去，这和现在的工作有什么关系？我关心的是在这一年里你比别人多做了什么！"

名校学历是找工作最好的敲门砖和最权威的介绍信，很多刚刚走出大学校门的毕业生深信不疑。然而，进入工作领域以后，情况就变了。

一位多年从事人事管理工作的女士说，毕业学校可能是判断应届毕业生基本素质最可靠的依据，但当他们从大学生变成有工作经验的人以后，这个人的能力、水平都可以在前一段时间的工作中找到答案。名校的光环往往只在找工作的时候有帮助，而一年以后就要凭自己的真本事吃饭了。

在人生的历程中，经验和学识的确是岁月馈赠给我们的财富，是走向成功的垫脚石，但也正因为它如此珍贵，我们总难以领悟到：有时候，它也会转化成无形的包袱或绊脚石，让我们在不知不觉中自我设限、故步自封，从而制约和扼杀了自己的潜能。

生命是充满期待和希望的，它蕴涵着太多可能与无限的潜能。有时候，山穷水尽之际，你需要做的，就是向自己突围。

聪明的约翰自诩是个聪明人，但一生业绩平平，没能成就任何一件大事。而自觉很笨的汤姆却从各个方面充实自己，一点点地超越自我，最终成就了非凡的业绩。约翰愤愤不平，以致郁郁而终。他的灵魂升到了天堂后，质问上帝："我的聪明才智远远超过汤姆，我应该比他更伟大才是，可为什么你却让他成为了人间的卓越者呢？"

上帝笑了笑说："可怜的约翰啊，你至死都没能明白，我把每个人送到世上，在他生命的'褡裢'里都放了同样的东西，只不过我把你的聪明放到了'褡裢'的前面，你因为看到或是触摸到自己的聪明而沾沾自喜，以致误了你的终生！而汤姆的聪明却放在了'褡裢'的后面，他因看不到自己的聪明，总是仰头看着前方，所以，他一生都在不自觉地迈步向上、向前！"

每一个人都应该永远记住这个真理：只有不断超越自我的人，才能真正获得成功。

借助外力，成功来得更快

一个人的能力再强，也是十分有限的，若想成就一番事业，还必须获得大家的支持和帮助，如同俗语所言，“红花虽好，也要绿叶扶”。

做事的智慧

马克·吐温小时候因为逃学，妈妈惩罚他去刷围墙。围墙有十几米长，且比他的个头还高。

他把刷子蘸上灰浆，刷了几下，刷过的部分和没刷的部分相比，就像一滴墨水掉在一个球场上。他灰心丧气地坐了下来。

他的一个伙伴桑迪，提了只水桶跑过来。“桑迪，你来给我刷墙，我去给你提水。”马克·吐温建议。桑迪有点动摇了。“还有呢，你要答应，我就把那只肿了的脚趾头给你看。”

桑迪经不住诱惑，好奇地看着马克·吐温脚上包的布。可是，桑迪到底还是提着水桶拼命跑开了，因为他妈妈在瞧着呢。

马克·吐温的又一个伙伴罗伯特走过来，还啃着一只大苹果，引得马克·吐温直流口水。

突然，马克·吐温十分认真地刷起墙来，每刷一下都要打量一下效果，活像大画家在修改作品。

“我要去游泳。”罗伯特说，“不过我知道你去不了。你得干活，是吧？”

“什么？你说这叫干活？”马克·吐温叫起来，“要说这叫干活，那它正合我胃口，哪个小孩能天天刷墙玩呀？”他卖力地刷着，一举一动都特别快乐。罗伯特看得入了迷，连苹果也不那么有味道了。

“嘿，让我来刷刷看。”罗伯特说。

“我不能把活儿交给别人。”马克·吐温拒绝了。

“我把这苹果给你!”

马克·吐温终于把刷子交给了罗伯特，坐到阴凉里吃起苹果来，看罗伯特为这“得来不易”的权利努力刷着。

一个又一个男孩子从这里经过，高高兴兴想去度周末，但他们个个都想留下来试试刷墙。

马克·吐温为此收到了不少交换物：一只独眼的猫，一只死老鼠，一个石子，还有 4 块橘子皮。

专家点评

一个人如果善于借助外力，就相当于扩充了自己的头脑，延伸了自己的手脚，也因此能更快地获得成功。

做事的禁忌

一个小女孩在她的玩具沙箱里玩耍，沙箱里有她的玩具小汽车、敞篷货车、塑料水桶和塑料铲子。

当小女孩在松软的沙堆上修筑“公路”和“隧道”的时候，她在沙箱的中间发现了一块大石头，阻挡了她的“工程”建设。于是，小女孩开始挖掘石头周围的沙子，企图把石头从沙子中弄出去。虽然石头并不算大，可是对于小孩来说已经相当大了。小女孩手脚并用，费了很大的力气，终于把大石头挪到了沙箱的边缘。不过，她发现自己根本没有力气把大石头搬出沙箱。

但是，小女孩下决心要把大石头搬出去，于是她用手推，用肩拱，对大石头左摇右晃，一次一次地努力。可是，每当刚刚有一点儿进展时，大石头就又滚回原处。又一次努力时，大石头滚回来砸伤了小女孩的手指头。

小女孩终于忍不住了，大哭起来，其实，这件事的整个过程都被小女孩的妈妈透过起居室的窗户看得一清二楚。就在小女孩哭泣时，妈妈忽然出现在她的面前，温和地对她说：“丫丫，你为什么不用尽你所拥有的全部力量呢？”小女孩十分委屈地说：“我已经用尽我的全部力量了。”“不对，丫丫。”妈妈亲切地说，“你并没有用尽你所拥有的全部力量，你并没有请求我的帮助啊。”说完，妈妈弯下腰，抱起那块石头，把它搬出了沙箱。

专家点评

当感到自己再也坚持不下去的时候，不要一味地蛮干或轻易放弃，学会转变一下思路，尝试其他的方法。

举一反三

《红顶商人胡雪岩》里面有个外号叫“小和尚”的人说过这么一席话：“越是本事大的人，越要人照应。皇帝要太监，老爷要跟班，只有叫花子不要人照应。这个比方不大恰当，不过做生意一定要有伙计。胡先生的能力你是知道的，他将来的市面要撑得奇大无比，没有人照应，赤手空拳，天大的本事也无用。”这番话说出了一个人之所以能够获得成功的最深刻的原因，即别人的协助。

一个人要立身于社会，少不了自己的才识和能力。才识，就是搜集信息、正确决策的能力，就是能见人所未见、准确判断的能力，就是巧妙运用一切有利因素、制订出合理计划并付诸行动的能力。而当这些自身条件已经具备之后，外界的所谓靠山、人缘，也就是能给自己带来成功的帮手，就显得尤其重要了。借别人的力量，可以做成许多个人无法做成的事。

别人有许多的力量我们可以借来为己所用，这些力量可以是名声、权威、才干，也可以是资金、知识和经验，关键是看你会不会借。

(1) 借别人的名声做事。

“名人效应”是一种常见的社会现象，也是令人梦寐以求的无形资产。只要找到了“借”的创意，就获得了打开“宝库”的金钥匙。

1964 年，尼克松在大选中败给了肯尼迪，百事可乐公司认准尼克松的外交能力，以年薪10万美元的高薪聘请尼克松成为了百事可乐公司的顾问和律师。尼克松利用他昔日当副总统的关系，周游列国，积极推销百事可乐，使百事可乐在世界上的销售额直线上升，尤其是他还帮助百事可乐占领了中国台湾的市场。

"借名"是做事最佳的选择，上述例子中的主人公正是利用了美国总统的名声，为自己扬名，为自己谋利。结果，投入不多，影响巨大，花钱很少，收益甚丰。

(2) 借别人的权威做事。

当代社会科学技术发展迅速，领域众多，个人已不可能通晓一切领域的知识，而人们的求知欲又十分强烈，这就必然形成对各领域专家、权威的崇拜心理。这些权威人物的发言自然比一般人有力得多，更容易使人信服。

有一个服装商人，在市中心经营着一家有着悠久历史的西装店。他的经营很有特色，一些有名望的人，如电影明星或运动员，都到他那里去定做西装。当然，他做的西装价钱都非常高，但是，来光顾的客户并不在意。有趣的是，这个经营者自己所穿的西装却是百货公司的拍卖品。一些不认识他的人第一次与他见面时，总认为他的穿着是最好的，对他夸奖道："真不愧是生意人，你穿的衣服的确和大家不同。"他在被夸奖时，一定会纠正对方："不！我这衣服是从地摊上买的。"那些恭维他的人，听了他这番话，反而感觉他十分谦虚。

这个故事说明了平常人的心理，也就是说平常人经常附和比自己优秀的人，或是权威者的意见和判断，特别是在不太认识的人或自己不懂的事物面前，自己无法判断并下评语时，这种倾向尤其明显，这就是心理学上所说的“权威效应”。

如果要让一个完全没有主张，也没有判断力的人来附和你的意见，可以巧妙地运用“权威效应”法，也就是说，当一个人的心理像一张白纸时，向他提及“伟大的人物或名人的意见来判断”，原本白纸状态的他就会倒向你这边了。

根据各种心理学试验，可以确定利用名人的权威是很有效用的。有一个心理学家做了一个测试，他让被测试的人听两种音乐带，一种知名度不高，另一种屡获评论家的推荐，听完之后，要被试验者说出哪种音乐较好。结果发现，被测试者纷纷表示：“两者比较起来，前者似乎毫无价值。”很显然，这些被测试的人受到了很有名气的音乐评论家意见的影响，而所谓的“名气”往往都隐藏着某种陷阱。所以，试验的结果是，大多数被测试者的意见都与评论家的意见相同。

利用名人权威效应，说服者应努力提高自己的权威性，这就需要在专业性和可信度上下工夫。既要提高知识水平，又要诚恳待人，这样才能树立威信，产生“权威效应”。

(3) 借别人的才干做事。

汉高祖刘邦是一位借别人的才能办事的高手。一次，在他平定天下后大宴群臣时，问在场的文武百官：“各位知道，项羽是有胆识、懂战略战术，又英勇善战的将军，我自愧不如。可我能打败他而得天下，这是为什么呢?”高起和王陵大声回答道：“陛下能在胜利后，与全体将士共同分享果实，而项羽却嫉妒立功的将领。他不喜欢有头脑、有能力的人，打了胜仗也不封赏，得了土地也不肯赐予部下，人心向背这是项羽不抵陛下之处。陛下得人心故而胜利，项羽失人心故而失败。”

刘邦却笑着说：“你二位只知其一，不知其二。论运筹帷幄，决胜于千里之外，我不如张良；论镇国、爱民、策划军需供给，萧何有万全之才，我自知不如他；论统率百万大军，攻无不取，战无不胜是韩信的专才，我甘拜下风。但我能善任这三杰，让其各自发挥才能，这是我取天下之道。而项羽不懂用人，又不能容人，部下又缺少有才之士，连唯一的贤臣范增他都事事猜忌，处处防备而弃之不用，这正是他失败的原因。”

一席话道出了自己的心得，刘邦真可谓贤明多智。

(4) 借别人的资本做事。

自己口袋里的钱永远不可能多，要办成什么大事，只能依靠别人口袋里的钱，利用别人口袋里的钱将事情办成才是真成功。这是世界报业大王默多克的一条成功技巧。

默多克工作起来就像疯子，写文章、定标题、设计版面，样样都亲自插手。他不管董事会其他成员或有关编辑的反对，坚持以自己的方式干。几年之内，他将《星期日邮报》同最大的竞争对手《广告报》合并，并且使《新闻报》获得极大成功。一日，默多克听说珀斯市的《星期日时报》经营不善，濒临倒闭，便决定兼并它。结果，默多克筹措了 40 万美元兼并了这家报纸。默多克的一位朋友感慨地说：“他总是能够利用别人口袋里的钱把事办成。”

靠一分钱一分钱积攒，不仅时间漫长，而且也很容易错过机会，所以，在进行艰苦的原始资本积累的同时，还应当善于借用别人的钱来为自己赚钱。许多赤手空拳闯天下而获得成功者皆是如此，如日本角荣建设公司董事长角荣便是其中之一。

在发迹之前，角荣长期专心思考“没有资金赚大钱”的生意，费了好长一段时间才想出一套“预约销售”的方法。这个办法是：譬如有人要卖某处山坡的地上物时，他就前去跟买主接洽。他说：“那座山上的木料价值有100万元以上，主人现在有意以80万脱手，请你把它买下来，两个月内保证赚一成。超出一成利润时，超出部分由我所得，如果赚不到一成，我可以赔你一成的利润。”角荣又让有钱的朋友给他做连带担保。如果买方把它买下来，买好之后，角荣就代买主销售，如此他往往以买价2倍左右的价格脱手。对买主来说，2个月就有一成的利润，而一成利润比一年的银行利息要多得多，而且有保证，安全可靠，因此找买主并不困难。

这种预约促销的方法，虽然需要有一点社会信用才能办得到，但如果你有信用，又有人替你担保，那么你只要有诚意和勤于跑腿，这项事业就可以日益壮大。在百业都需要大本钱经营的今天，角荣做这项不要资本的生意确有一套，并且颇有所获。他本来一无所有，靠着这种高超的“借术”，经过10年的努力，赚取了10亿日元。

7 成功的秘诀是对小事的积累

创造奇迹的人，都是能够把小事当做大事干的人。只有面对小事的时候不厌烦才能坚持下去，坚持下去也才能够做成大事。在日常生活中，不妨从身边点点滴滴力所能及的小事做起，并坚持下去，或许你也能创造奇迹！

什么是不简单？能够把每一件简单的事情千百遍都做对，就是不简单。什么叫不容易？能够把大家公认为非常容易的事情高标准地认真做好，就是不容易。

做事的智慧

多年前，原日本运输大臣的孙女，为了锻炼自己，便应聘到东京帝国酒店当服务员。这是她的第一份工作，因此她下定决心一定要干好它。谁知上司安排她的工作竟然是洗厕所。

对于出身名门、从来没干过粗活的她，要用白皙细嫩的手拿着抹布伸向马桶，这是多么大的挑战呀。而且，上司给她的要求特别高，必须把马桶擦洗得光洁如新。她自然知道“光洁如新”的意思，更知道自己干不了洗厕所这项工作。

正当她苦恼彷徨之际，一位同事出现在她面前，他一遍遍地擦洗马桶，直到马桶光洁如新，然后，他从马桶里盛了一杯水，一饮而尽，而且表情毫不勉强。

她很激动，恍然大悟并痛下决心：“即使一生都要洗厕所，也要做一名最出色的厕所清洁员！”从此，她振奋精神、努力工作，把厕所擦洗得跟那位同事一样干净。而且，为了检验自己的自信心，她也多次喝过马桶里的水。

“即使一生洗厕所，也要做一名出色的厕所清洁员！”凭着这种对每一件最简单的事情都做到最出色的精神，她最终踏上了成功之路。后来，她成为日本最年轻的内阁成员，她就是37岁的邮政大臣野田圣子。

专家点评

洗厕所简单吗？简单。但要能数年如一日地把厕所擦洗得光洁如新，就是不简单。洗厕所容易吗？容易。只要有工具，谁不会洗？但能使擦洗后的马桶里的水可以直接喝，就是不容易。

无论在工作中还是生活中，有很多事情，虽然看起来很简单，但我们不能忽略。我们要把它们看做需要付出全部热忱、精力和耐心的伟大事业。当你能够把一件简单的事情做得非常好时，你就变得不简单、不平凡了。

做事的禁忌

国王理查三世准备与敌军决一死战，因为这场战斗的胜者将统治英国。

战斗进行的当天早上，理查派马夫去备好自己最喜欢的战马。

马夫对铁匠说：“快点给它钉掌，国王希望骑着它打头阵。”

铁匠回答：“你得等等，我前几天给国王全军的马都钉了掌，现在我得找点儿铁片来。”马夫不耐烦地叫道：“我等不及了，敌人正在向我军推进，我们必须在战场上迎击敌兵，有什么你就用什么吧。”

铁匠埋头干活，钉了三个掌后，他发现没有钉子来钉第四个掌了。“我需要一个钉子，”他说，“得需要点儿时间砸出一个。”

马夫急切地说：“我告诉过你我等不及了，我听见军号了，你能不能凑合一下？”

“我能把马掌钉上，但是不能像其他几个那么结实。”铁匠说。

“能挂住吗？”马夫问。

“差不多能，”铁匠回答，“但我没太大把握。”

“好吧，就这样，”马夫叫道，“快点，要不然我们得挨罚的。”马掌钉好后，马夫将战马牵到国王面前。

两军交锋，理查国王冲锋陷阵，鞭策士兵迎击敌人：“冲啊，冲啊!”

他还没走到一半，突然，一只马掌掉了，战马跌翻在地，理查也被掀倒在地上。

国王还没有抓住缰绳，惊恐的马就跳起来逃走了。理查环顾四周，他的士兵们见国王倒下了，便纷纷转身逃跑，敌人的军队包围了上来。不一会儿，敌人的士兵俘获了理查，战斗结束了。

从那时起，人们就说：“少了一个铁钉，丢了一只马掌；少了一只马掌，丢了一匹战马；少了一匹战马，败了一场战役；败了一场战役，失了一个国家。”

这次战斗的损失都是因为少了一个马掌钉。

专家点评

小事决定大事，小事影响大事。历史上记载的许多兴衰变迁无不如此。有些小事，当时看似无关紧要，事实上却牵动了大局。一个马掌钉决定了一场战争的胜负就是最好的例子。

举一反三

米查尔·安格鲁是一位著名的雕塑家。有一天，安格鲁在他的工作室向一位参观者解释为什么从这位参观者上次参观直到现在他一直忙于同一个雕塑的创作，他说："我在这个地方润了润色，使那儿变得更加光彩，使面部表情更柔和了，使那块肌肉显得更强健有力，使嘴唇更富有表情，使整体看上去更有力量。"

那位参观者听了不禁说道："但这些都是琐碎之处，不大引人注目啊！"

雕塑家回答道："情形也许如此，但你要知道，正是这些细小之处使整个作品趋于完美，而让一件作品完美的细小之处可不是件小事情啊！"那些成就非凡的人总是在细微之处用心，这样日积月累，才能渐入佳境，达到出神入化的水平。

一旦我们不断地关注那些能够完成的小事，不久就会惊异地发现，我们不能完成的事情实在是微乎其微的。

人无论在哪个发展阶段上，都存在着如何做人、怎样做人、为什么这样做人的问题，而正是这些问题构成了人生哲学乃至人生智慧的思考性内容。做事实质上是做人的延伸，因为做人如果不是空泛的，就必须通过做事体现出来。做人是在做事之中不断实现的。做人首先要做事，没有所做之事也就无法谈及怎样做人。

如果能一心一意地做事，世间就没有做不好的事。这里所说的事，有大事也有小事，而所谓的大事、小事，只是相对而言。很多时候，小事不一定就真的小，大事不一定就真的大，关键在于做事者的认知能力。那些一心想做大事的人，常常对小事嗤之以鼻，不屑一顾，然而，连小事都做不好的人，大事是很难成功的。

每个人的工作都是从小而简单的事做起的，而这些小事就好比砖，一个人的事业之路，就是靠这些砖一块一块地铺就的。

我们时常对目前的工作不满意，找出一大堆理由，诸如工作内容太简单、不受领导重视等，但很少会从自身找原因。其实我们可以问一问自己：是否尽心尽力？有没有把这份“简单”的工作做好？有没有把当前工作做到最基本的要求和水准？

想要做好当前这份“小而简单”的工作，就需要有打持久战的心理准备。现在有很多大学毕业生，走上工作岗位前对未来充满幻想，工作伊始，他们也都充满热情，但是工作了一两年以后，就失去了激情与干劲，变得委靡不振。如果再加上激励机制的缺乏，如重用、加薪等，许多人失去了最初的热情，开始对自己的工作敷衍了事。

然而，大凡世界上能做大事的人，都能把小事做好。做好了每件小事，逐渐积累，就会发生质变，小事就会变成大事。任何一件小事，只要你把它做规范了、做到位了、做透了，你就会从中找到规律，发现机会，从而练就做大事的基本功。

一位MBA毕业生到银行任职，人事部门把他安排到营业网点当柜员，做储蓄工作。一个月后，他找到行长说，他到银行来不是干这种简单的琐事的，他应该担当更重要的工作。行长便把他安排到了国际信贷部，但很快信贷部的负责人和同事对他的工作能力都非常不满。他却自认为很能干，且总是抱怨单位不好、领导不给他机会、同事嫉妒他。其实，大家都认为他是个大事干不了、小事不想干的令人讨厌的人。

每个新职员参加工作时都会被告诫应该做好当前的基本工作，但能意识到这一点并真正做得好的人并不多。

一位银行分行的行长说，每年都会有一些大学毕业生到基层锻炼，而往往他们都没有耐心熟悉银行的基本业务，却总想着管理的问题，好像都是来等着当行长似的。

许多想一步登天的高学历毕业生眼高手低，只想做“大事”，不愿做“小事”，又不知道自己的能力在哪里，结果不但大事做不了，而且简单的小事也做不好。

有位智者曾说过这样一段话：“不会做小事的人，很难相信他会做成什么大事。做大事的成就感和自信心就是由做小事的成就感积累起来的。可惜的是，我们往往忽视了它，让那些小事擦肩而过。”

“勿以善小而不为”，小事正可于细微处见精神。有做小事的精神，才能产生做大事的气魄。人生价值真正的伟大在于平凡，真正的崇高在于普通，最平凡、最普通的往往就是最伟大、最崇高的。从普通中显示崇高，从平凡中显示伟大，这才是做人、做事之贵。只要有益于工作，有益于事业，人人都从小事做起，用小事堆砌起来的事业大厦就是牢固的，用小事堆砌起来的工作长城就是坚固的。

小事，一般人都不愿意做，但成功者与一般人最大的不同，就是他愿意做别人不愿意做的事情。一般人都不愿意付出这样的代价，可是成功者愿意，因为他渴望成功。

别人不愿意端茶倒水，你就要更加端出水平；别人不愿意洗刷马桶，你就要洗刷得更加明亮；别人不愿意做准备，你就多做准备；别人不愿意付出，你就多付出。

只要每件事你都多做一点，每一件别人不愿意做的小事，你都愿意多做一点，你的成功率一定会提高不少。

所以做事不可以被大小限制，被时间限制，被空间限制，需要具有超越自我、超越时空的观念，跳出大小的圈子，成就最普通而又最特殊、最平凡而又最高尚、最渺小而又最伟大的事业。

不因小而损害大，不因少而损害多。抛弃大小的竞争，抛弃高下的念头，抛弃富贵的欲望，而一心一意从小事做起，就是洗厕所、扫大街，也会比别人打扫得更干净。

越是那种埋怨自己工作价值渺小的人，真正给他们一份困难的工作时，他们越是退缩而不敢接受。具有十成力量的人，去做仅仅需要一成力量的工作，其中有生命的意义和悠闲的心情。在长远的人生中，这种生命的意义和悠闲的心情对于人格的形成与发展，有决定性的帮助。

因此，成功最重要的秘诀，就是去做别人不愿意做的小事。

任何理由都不能成为懒惰的借口

没有付出就没有收获。一个人只有脚踏实地地播种、勤勤恳恳地浇灌，才能在最后收获累累硕果。如果不思进取、好逸恶劳，一天一天地混日子，最后只会坐吃山空。

做事的智慧

从前，在一个偏僻的小村庄里，住着一位农夫，他只有很小的一块田地，但是他却非常珍惜，多年以来一直都很认真地耕种，及时耕地、除草、施肥。有一年，他的收成很不好，到了来年春耕的时候只剩下一小袋种子了，他视如珍宝。播种的当天，天刚一亮，他就从床上爬起来，来到了他那块田里。

他十分小心，生怕遗失了一粒种子。正午时分，太阳毒辣辣地烘烤着他的脊背，他感到又热又累，便停下来在树旁休息。当他坐下的时候，一不小心，一把种子从袋子里撒了出来，掉到了树根部的一个洞里。虽然只是一点儿种子，但对这个农夫来讲，每一粒种子都是非常宝贵的。

农夫心疼不已，他拿着铁锹开始挖树根。天气越来越热，汗水沿着他的脊背流了下来，但他还是不停地挖。当他终于看到种子，想把种子一粒一粒捡起来的时候，突然发现种子下面硬邦邦的，他捡起种子拿起铁锹把那个硬邦邦的东西挖了出来，原来是一个盒子。打开盒子的那一刻，他惊呆了，原来盒子里装满了黄金，那些宝贝足够他过完下半辈子。

从此以后，这个原本贫穷的农夫成了一个富有的人，人们对他说："你真是世界上最幸运的人。"

他却笑着说："不错，我是很幸运，但这些都源于我的辛勤劳作和对种子的珍惜。”

专家点评

种瓜得瓜，种豆得豆。勤劳的农夫执著地耕种着自己的土地，没有丝毫懈怠马虎，结果因为自己的勤劳而得到了意外的收获，这怎么能不让人欣慰呢？

做事的禁忌

2006 年夏，小周大学毕业。刚出学校的他有着很大的雄心和动力，立志要在几年内做出一番事业。工作以后，一切好像都慢慢地变了。他的工作很普通，生活也很安逸，日久天长，原有的那份激情和动力一天天地被冲刷掉了。他刚踏出校园时，发誓要在一年内走出打工的圈子，但是随着时间的流逝，整整两年过去了，他还是一点儿成绩都没有。每天看着时钟，他对自己说，快要上班了，快要下班了。身上没有钱了，他整天想着薪水什么时候可以发。发了薪水，他想的是要怎样改善一下生活，享受一下。星期日快到了，他想的是要去哪里玩。就这样他过着重复的没有激情的生活，原有的动力全都抛到了九霄云外。

他也曾有过机会，那是工作了大约一年后，他自己存了点钱，然后有个朋友辞掉了大学老师的工作自己创业，邀他一起做。他当时心潮澎湃，答应朋友两星期后辞掉工作，去朋友那座城市。可是，就在这两星期里，他的勇气全磨没了。一想到要放弃现在稳定和安逸的工作，他就有点不情愿。他又想到了自己辛苦工作存了这点钱，万一赔了怎么办？一想到自己要去跑市场找客户，或者绞尽脑汁地收账款之类的，他就有点胆怯。那么多事情要自己去承受，那么多责任要压在自己身上，一想到这里，他心里的天平就开始变化了。他最终拒绝了朋友的邀请，重新躺进了自己的“温床”，上班下班，聊天打牌，偶尔下次饭馆。

几个月过去了，他得知朋友做水泥生意，赚了第一桶金，而他依旧是那个庸庸碌碌的“小蚂蚁”。

专家点评

小周虽然有雄心壮志，但他的计划和梦想都落空了。这是因为他的动力和激情都被庸碌的生活磨掉了，他舍不得现有的安逸生活，不愿吃苦。因此，他只能继续过着庸碌的生活，继续在生活中迷失自己。

举一反三

在一个池塘边生活着两只青蛙，一只绿色的，一只黄色的。绿青蛙经常到稻田里觅食，黄青蛙却经常悠闲地躲在路边的草丛中闭目养神。

有一天，黄青蛙正在草丛中睡大觉，突然听到耳边有同伴的叫声，它懒洋洋地睁开眼睛，发现是绿青蛙。

“你在这里太危险了，搬来跟我住吧！”绿青蛙关切地说，“到田地里来吧，这里每天都可以吃到昆虫，不但可以填饱肚子，而且还能为庄稼除害，也不会有什么危险。”

黄青蛙不耐烦地说：“我已经习惯了，干吗要劳神费力地搬到田里去？我懒得动！况且，路边一样也有昆虫吃。”

绿青蛙无可奈何地走了。几天后，它又去探望路边的伙伴，却发现黄青蛙已经被车子轧死了，尸体躺在马路上。

懒惰是成功的大敌。俗话说，人无远虑，必有近忧。贪图一时的安逸最终只能咽下自己酿造的苦果。

据说，鸡原本有一对能高飞的翅膀，可以在天地间自由自在地翱翔。

有一次，鸡不小心被人捉住了。人把鸡带回了家，把鸡关在一个笼子里，并把好吃的东西放在鸡的嘴边。鸡不管三七二十一，大口大口地吃起来，一边吃还一边想：“这下可好了，舒舒服服就能吃到食物了！既然这样，何必再整天风吹日晒地费力去寻找食物呢。”

捉鸡的人以为自己捉到了一只珍贵的鸟，把左邻右舍都邀请来观赏。大家围着笼子看来看去，除了头顶长着红色的冠子之外，没看出这只鸟有什么特别的地方。有人就提出要看看这鸟飞起来会是什么样子。刚开始捉鸡人还不同意，后来一方面禁不住大家央求，另一方面又觉得如果鸟飞了自己可以再去捉。

然而当这人把鸡放出笼子时，鸡居然不愿意逃走了，一直在笼子外面打转。围观的邻居一哄而散。后来鸡就一天到晚守在人的门前等着人喂它吃的。天长日久，由于长期不使用翅膀，鸡的翅膀逐渐退化，再也飞不起来了。而且捉鸡人觉得老这样喂它太浪费粮食，就把它杀掉吃了。

宋朝的张耒曾说过一句话："业无高卑志当坚，男儿有求安得闲？"意思是说：任何事业，不论高低贵贱，其实都能带来大的成功，但重要的是你意志要坚强；如果一个人有所追求，怎么会闲适和安逸呢？因此，想要有所成就，就要敢于抛弃那份淡化你意志的安逸！

一个人所能获得财富的多少其实是和他所承担的责任大小成正比的。一个人的财富多，意味着他所遇到的挑战和应尽的责任也更多。反之，只有一个人战胜的挑战和尽到的责任越多，他的财富才会越多。因此，想获得更多的财富，你就要勇敢地去面对挑战，去担起更多的责任！

如果你胸中已有了追求成功的激情，那么以下建议可供你参考：

(1) 放弃安逸，但不代表盲目，你必须要有一些自己的打算，确定自己要努力的方向，要从事的行业。

(2) 一旦有了机会，要马上行动。不要只想过去的生活多么好，沉溺于过去只会使自己失去创造辉煌的机会。

(3) 如果面对的是有前途的事，那就勇敢地去做吧。即使你没有经验，遇到很多挑战，也要告诉自己，挑战是你成长的机会和帮手，要有从应对挑战到游戏于挑战之中并渴望挑战的心态。

(4) 多想一下自己做了多少事，多想一下自己为这个社会、为他人承担了多少责任，把承担责任当成自己的动力。承担的责任多了，你的事业自然就起步和腾飞了，距离成功也就近了。

第七章 做事明白事理

1. 孝敬父母是最基本的道理
2. 关键时候要会察言观色
3. 学会利用钱，而不是一味地消费
4. 小成就靠运气，大成功靠积累
5. 积蓄力量稳中求胜，不要急于求成
6. 给自己的定位，和别人无关
7. 重实干，不重虚名

 孝敬父母是最基本的道理

人类社会是代代相传的，后人的活动都与前人相承相关。没有上一代人对下一代人的抚养教育，人类社会的延续就会中断；没有前代人的努力奋斗，就没有后代人的幸福。孝敬父母，既是对父母养育之恩的回报，也是对人类历史的尊重，对前任劳动的尊重。

做事的智慧

身为国务院副总理兼外交部长等要职的陈毅，在 62 岁那年随周总理出国访问归来，途经成都时去看望重病在身且已年过八旬的老母。进屋时，恰遇老母因病重小便失禁而换下一条裤子，母亲见儿子到来，无比欣喜，但不愿让儿子见污浊之物，便挥手使眼色，让伺候她的侄女把弄脏的裤子藏到床底下。陈毅见此情景，忙拉住母亲的手问是怎么回事，母亲知道瞒不住，只好说了实情。陈毅听后感慨地说：“娘，您久病在身，我没能伺候，心里有说不出的难受，这裤子今天就让我去洗吧。”接着，又对自己的夫人张茜说：“家乡有句俗话，‘婆媳亲，全家和。’你这个平常不能照顾婆婆的媳妇，也该尽点孝道，让我们一起来洗好不好？”

陈毅和张茜乐呵呵地为老母洗了弄脏的裤子和其他衣物。

专家点评

几乎每个人都是在父母无微不至的关怀和照顾下长大成人的，回报父母养育之恩的方式和机会在生活中是处处都有的，只要你用心，是不会做不到的。

做事的禁忌

一位年轻的寡母含辛茹苦地把儿子拉扯大。大学毕业后，儿子被分配到市委，但从此母子成了陌路。儿子生了儿子，老母亲去看望，已是市委秘书科科长的儿子嫌丢人，不认她，还对同事说："是来上访的，烦死人了！"

几年后，儿子回家乡当了县长，老母亲因穷困潦倒求救于当县长的儿子，谁知儿子像打发乞丐般给了她20元钱。老人四处流浪，一年后，终于饿死街头，当县长的儿子不得不前去料理后事。

面对记者，他不承认死者是自己的母亲，相反还操着官腔说："这是本县的一位孤寡老人，我是代表政府来处理后事的。"气愤不过的乡亲把真相告诉了记者。事情报道后，在社会上引起了强烈反响。他不仅名誉扫地，而且不久就被免了职。

专家点评

如此不孝之子，不仅应该免去官职，更应该绳之以法。

举一反三

善待父母是中华民族的传统美德，也是一个人做人的良知。

世上有些东西可以弥补，有些东西永远无法弥补，很多人就是因为自己没有好好侍奉过父母而抱憾终身。

有一名演员在电视台做访谈节目时说，年幼时，因为无知顶撞过父母；成年后，为事业拼搏，疏忽了父母；等到事业有成时，父母都已经离开了人世。说完，他当场泣不成声，泪如雨下。

我们总以为自己还年轻，我们总相信来日方长，相信水到渠成，相信机会很多，可是我们忘了时间的残酷，忘了人生的短暂，忘了生命的脆弱，忘了人世间有太多的偶然和遗憾。

孝敬父母不要等，父母要求我们的并不多，我们能常回家看看，常问候他们、陪陪他们，他们就会很高兴了。

唐朝诗人孟郊在《游子吟》中写道："慈母手中线，游子身上衣。临行密密缝，意恐迟迟归。谁言寸草心，报得三春晖。"他以纯朴的笔调，写出了出行在外的游子思念慈母的心情，写出了亲子之爱，反映了人伦的准则。

释迦牟尼曾经说："假如有人左肩荷父，右肩荷母，行万里路也不能报答父母养育之恩；假如有人剥皮为纸，折骨为笔，和血为墨尽情抒写父母的养育之恩，也不能书尽。"

乌鸦尚有反哺之义，而羊亦知跪乳之恩。一个对父母无情的人，对何人何物还能有情？

"孝"是稍纵即逝的眷恋，"孝"是无法重现的幸福，"孝"

是一失足成千古恨的往事，“孝”是生命交接处的链条，一旦断裂，永无连接。

趁着父母还健在，赶快为父母尽一份孝心吧。不论是一处豪宅，还是一片砖瓦；不论是大洋彼岸的一只鸿雁，还是近在咫尺的一个口信；不论是一顶纯黑的博士帽，还是作业簿上的一个红五分；不论是一桌山珍海味，还是一只野果、一朵山花；不论是花团锦簇的盛世华衣，还是一双洁净的布鞋；不论是数以万计的金钱，还是含着体温的一枚硬币……在“孝”的天平上，它们是等值的。

2 关键时候要会察言观色

推理和判断是察言观色所追求的顶级技艺。言辞能透露一个人的品格，表情、眼神能透露出一个人的内心状况，姿态、手势也会在不知不觉中出卖它们的主人。

做事的智慧

公元前266年，赵惠文王去世，赵太后执政。秦国趁机进攻。赵国向齐国求救，齐国表示必须把赵国太后的爱子长安君作为人质，才肯派兵。

太后不同意，大臣反复劝谏，结果太后生气了，她对臣子下了一道死命令:“有再敢提出长安君作为人质的,我就要吐在他的脸上。”赵国形势危急,怎样才能用语言来打破这个僵局呢?

就在这个紧要关头,左师触龙主动站出来,表示想见太后,太后怒气冲冲地等着他。

见面之后,触龙并没有提长安君的事,而是间接地说:“我的脚有毛病,走路都费劲,好久没有见到您了,但又恐怕您玉体有所不适,所以很想来看看您。”

见触龙并不是为劝谏而来,太后的怒气就消了三分。太后说:“我现在也是年纪大了,出入全靠坐车。”

“那您的饭量没有减少吧?”

“只是每日喝点粥罢了。”

触龙说:“哎呀,太后,不瞒您说,我的胃也很差,我勉强散步,每天走三四里,以便增加一点儿食欲,调和一下筋骨。”

“我可没有这个时间啊!”太后说着,满脸的怒气又消了三分。

触龙又说:“我有一个孩子,不成气,但是我老了,心里却疼爱他,又怕他以后没出息。希望能让他补充到侍卫的行列里,好让他保卫王宫。我是冒着死罪的危险来向您请求开后门的。”

太后会心地笑了,完全解除了戒备。

“好啊,你这个孩子多大了?”

触龙说:“15 岁了,虽说还小,我总想在离世之前帮他安排好。”

太后看他可怜兮兮的样子,乐了,禁不住说:“男子汉大丈夫也心疼儿子?”

触龙说:“太后您有所不知,男人要是疼起自己的孩子来,那要比妇人还厉害呀!”

太后笑了:“不,还是妇人疼爱得更重些吧。”

触龙说:“不过,我觉得太后爱燕后,就超过了爱长安君。”

太后说:“你错了,哪里能比得上长安君。”

触龙不紧不慢地说:“父母爱子女,要替他们作长远打算,您老人家送燕后出嫁的时候,哭得多难受呀!可是在祭祀的时候,却说不要让她回来。这并不是您不想她,而是为她的长远利益着想,希望她的子孙永远在燕国为王。”

“是呀。”说得太后也激动了。

“这才是真正的爱呀!”触龙长长叹了一口气,“可是您对长安君呢?您给了他尊贵的地位、肥沃的土地、贵重的宝物,却不让他及时为国家建立功勋,一旦太后作古,长安君靠什么在赵国立足呢?我认为太后替长安君打算得不够长远,所以我说,您对他的爱不如燕后啊。”

太后这时才如梦初醒:“对呀,触龙,你真行,你说该怎么办就怎么办吧!”

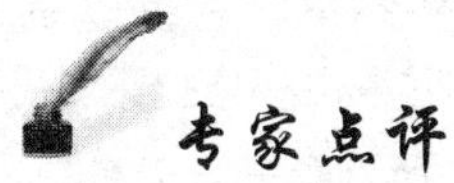

专家点评

这就是委婉建议的聪明之处,触龙不仅让太后消了气,还达到了自己劝谏的目的。试想,如果触龙直言相劝会是一种什么结果?

做事的禁忌

丽萍因最近和老公闹离婚而感觉烦闷，就找自己的闺蜜出来谈心。闺蜜是个活泼的丫头，整天一副没心没肺的样子。

这天，闺蜜带了自己的男朋友一起前来赴约，俩人恩恩爱爱地一路走来，让丽萍觉得很是尴尬。

吃饭的时候，闺蜜不停地向丽萍夸自己的男朋友。丽萍听了心里很不舒服，这顿饭也吃得很不是滋味。

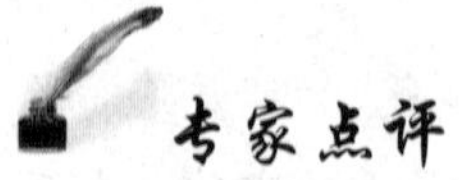

专家点评

明知道自己的朋友最近出了状况，还要雪上加霜，这种不懂得察言观色的人是很难受到欢迎的。

举一反三

言谈能反映出一个人的地位、性格、品质及其内心情绪，因此善听弦外之音是“察言”的关键所在。

“观色”犹如观察天气，看一个人的脸色犹如“看云识天气”，但也并非都如此，因为不是所有人在任何时候和任何地方都能喜怒形于色的，相反是“笑在脸上，哭在心里”。

“眼神”是“脸色”中最应关注的重点，它最能不由自主地告诉我们真相。姿势和服装同样有助于我们察言观色，进而识别其内心意图。

在交际中察言观色、随机应变，也是一种本领。例如在访问中常常会遇见一些意想不到的情况，访问者应全神贯注地与受访者交谈，与此同时，也应敏锐地观察一些意料之外的信息，恰当地处理。

主人一面跟你说话，一面眼往别处看，同时有人在小声讲话，这表明刚才你的来访打断了什么重要的事，主人心里惦记着这件事，虽然他在接待你，但是心不在焉。这时你最明智的方法是就此打住，请求告辞："您一定很忙。我就不打扰了，过一两天我再来吧。"你走了，主人心里对你既有感激也有内疚："因为自己的原因，没好好接待人家。"这样，他会努力完成你的托付，以此来进行补偿。

在交谈过程中突然响起门铃、电话铃，这时你应该主动中止交谈，请主人接待来人或接听电话，不能听而不闻继续滔滔不绝地说下去，否则会使主人左右为难。

当你再次访问希望听到所托之事已经办妥的好消息时，却发现主人受托之后尽管费心不少但并没圆满完成甚至进度很慢。这时你内心难免着急，可是你应该将已到嘴边的催促化为感谢，充分肯定主人为你做出的努力，然后再告之你目前的处境，以求得理解和同情。这时，主人就会意识到虽然费时费心却还没有真正解决问题，产生了"好人做到底"的决心，进一步为你奔走。

人际交往中，对他人的言语、表情、手势、动作以及看似不经意的行为有较为敏锐细致的观察，是掌握对方意图的先决条件，只有测得风向才能使舵。

察言是很有学问的技巧。人内心的想法，有时会不知不觉在口头上流露出来。因此，与别人交谈时，只要留心，就可以从谈话中探知别人的内心想法。

人们常常将情绪从一个话题里不自觉地表现出来。话题的种类是形形色色的，如果要明白对方的性格、气质、想法，最容易着手的一步就是观察话题与说话者本身的相关状况，从这里能获得很多的信息。

例如，在年轻男性的世界里，他们最爱谈论的话题之一是汽车，关于汽车的杂志也和音乐杂志、体育杂志同样畅销。他们的话题几乎都涉及汽车的品牌、行程距离、速度等。其实，他们那么热衷于汽车的话题，无非在表示自己将来有能力购车，或者是自己对这些懂得很多，也可以说是显示自己。因此，你要聚精会神地听，最好不要显示出讨厌或不耐烦的神态，你的耐心就可以满足他们的虚荣心。

语言除了有社会的、阶层的或地理上的差别外，还有因个人的水平而出现差别的心理性的措辞。人们种种的心理活动会不知不觉地反映在表现自我的手段——措辞上。这不同于自己想表现的自我形象，而是通过分析措辞常常就可以大体上看出这个人的真实形象，在这种意义上，正是其本人没意识到的措辞的特征，比语言的内容更为真实地反映了一个人的情况。比如，常使用第一人称单数的人，独立性和自主性较强；常用第一人称复数的人大多缺乏个性、喜欢随声附和。

人们总认为是在用自己的话说话、写文章，实际上无意中在借用别人的话。反过来看这一点，就能窥见人的内心深处。例如，与人交谈时使用难懂的词和外语的人多会令人感到困惑，其实，这种人多是将词语作为掩饰自己内心弱点的盾牌。求职、面试时，充分显示自己的才能是必要的，但若过分矫饰，反而画蛇添足，让别人如坠云雾的效果是最不利的。这种情形常常不过是反证了对自己的不自信，而将语言作为盾牌，掩饰自己的自卑感。

一般来说，一个人的感情或想法，都在说话方式里表现得清清楚楚，只要仔细揣摩，即使弦外之音，也能从说话的方式中逐渐透露出来。

说话语速是看破深层心理的关键。如果对于某人心怀不满或者持有敌意态度，则说话速度都变得迟缓，而且稍有木讷的感觉。如果有愧于心或者说谎，则说话的速度自然就会快起来。假如说有一个人每天下班都按时回家，而有一天他下班后却留在办公室与同事打扑克，回到家却对妻子说他加班了，而且还有一大堆抱怨现在为什么有这么多的活儿干不完等之类的话。这时，他的说话语速一定会比平常快，比此消除内心潜在的不安。

从音调的抑扬顿挫中可以看出对方心理。当两个人意见不同时，一个人提高说话的音调，即表示他想压倒对方。

对于那种有企图的人，他说话时就一定会有意地抑扬顿挫，制造一种与众不同的感觉，有一种吸引别人注意力的欲望，自我显示欲望可由此透露出来。

由听话方式也可以看出对方心理。如果一个人很认真地听话，他大致会正襟危坐，视线也一直盯着对方。反之，他的视线必然会散乱，身体也可能在倾斜或乱动，这是他心情厌烦的表现。

构成谈话的前提包括了两种立场不同的存在者，即说话者与听话者。我们可以根据对方说话后的各种反应，来了解对方的深层心理。

3 学会利用钱，而不是一味地消费

挣钱是为了什么？很多人不假思索地会说："当然是为了花啦。"是啊，挣钱是为了花，但如何"花"钱，不同的人有不同的方式。

做事的智慧

小赵在大学学的是新闻专业，毕业后在一家电视台工作。他一开始的工资不算多，但是他却把这少有的钱，从牙缝里挤出来了一部分，准备用于学习。

他认真分析了自己工作中最需要加强的部分，然后又比较了学习班的教授内容，考查了师资水平和教学环境。在进行了一番仔细研究后，他用自己几个月省下的钱报了一个晚上开课的中级摄像班。每天白天忙上班，晚上忙学习，省下的钱都用在了学习上，日子过得很朴素。在中级摄像班学了 3 个月，他顺利地拿到了结业证书，为自己的工作增加了很大的筹码。

但是，小赵并没有满足。他又报了高级摄像班，继续充电，提高自己的能力。就这样，他不断地给自己充电，他的工作能力大大提高了，视野也大为开阔了。小赵也因此很受领导赏识，多次得到提拔，工资也比原来涨了一倍多。而与他同来的另一个毕业生，却还是老样子。

小赵用节省下来的钱去报学习班，学完了中级摄像又学高级的，他因此逐渐成为了单位的业务骨干。

做事的禁忌

小李在一家私营企业做白领，收入还算可以，但是他却很“潇洒”。每次领了工资，或者手里有些余钱，就隔三差五地约朋友去喝酒，或者周末去看电影，还经常因为一时冲动买回很多不需要的东西。于是，他经常为自己的“潇洒”付出代价。每到月末最后几天，小李都手头拮据，期待着发工资。可是工资一旦发下来，他就又全都花掉了。不仅如此，没钱时他还会借钱花，于是经常有“财政赤字”。

专家点评

像小李这样的“月光族”，现实中有很多。这类人的钱大多花在了买吃买喝、呼朋唤友上，把自己辛苦换来的财富一股脑都消费在了享受上。他们的花钱就属于一种低端的花钱。说它低端，是因为它很短视，大有“及时行乐”的味道。本来人追求享乐的生活无可厚非，但是我们应该把眼光放得更长远一些。

举一反三

不论工作还是创业，都要以“人”为本，努力提高自己的知识、能力和素质。只有自己的能力提高了，才能获取更多的财富。

一个人想要获得成功，就要认真对待自己的钱。一个能取得成功的人，绝不是有钱乱花的人，他一定是经常充实自己、提高自己的人，是一个把钱装进脑袋的人。

我们来看一个企业老总的创业之路，看看他是如何通过不断学习来让自己摘得财富果实的。

2004 年，范恩军获得首届“中国青年创业奖”。他通过创业，拥有了 10 多家公司，吸纳下岗职工 280 多名，并且先后帮助 23 位青年成功创办企业。从一个待业青年到公司老总，他的人生所完成的巨大飞跃，他的经历能如此不平凡，都是因为他的不断学习。

20 世纪 90 年代初，范恩军高中毕业，没有上大学，进入社会后却又找不到合适的就业机会，于是成了一名待业青年。过了一段时间，他做起了搬运工，每天辛苦劳作，挣钱很少。但是与其他打工者比，他有着一股倔劲，决不向命运低头。他相信通过努力，自己一定能够成功。他一直都在考虑自主创业。

一天，他去听了一次服装裁剪课，于是便对此产生了浓厚的兴趣。虽然他这方面的知识完全是零，但他坚信“老师能讲我就能做”。于是，打工之余，他省吃俭用，把自己积攒的一点钱拿了出来，来到山东青年管理干部学院系统地学习了服装制作的技能。他不仅刻苦钻研服装技术，还细心了解别人办培训班的事项。不久，他也开办了自己的服装技术培训班。范恩军讲的第一堂课并不成功，当时两个小时的课程他只讲了数分钟就结束了。但范恩军不服输，他在不断充实自己的同时，还挤出钱买书籍学习教学。努力终有回报，他的课受到了学员们的广泛好评。1991 年，范恩军拿出了自己当代课老师时挣的钱，学员们又凑了 3 台缝纫机，年仅 20 岁的他就办起了自己的服装厂。由于精通服装技术及对服装质量的严格要求，他的服装生意蒸蒸日上。服装生意的红火使他基本完成了资金积累。但是他不满足，为与服装产业配套服务，他又开始学习广告、园林等知识，并通过调研分析，先后建立了广告公司、园林公司、洗衣工场等多个企业，形成了服装产业的一条龙服务。

范恩军也算事业有成了，而且工作繁忙，属于他自己的时间很少。尽管这样他也从来没懈怠过，一直坚持学习，不断提高自己。2001 年，范恩军来到山东大学，系统地学习了管理学知识。2007 年 5 月他又赴天津大学攻读工商管理硕士学位。他坦言，要想事业提高，就要先提高自己，只有不断地学习，才能保持公司长期发展的势头。

从 20 世纪 90 年代办服装裁剪缝纫班起步，在范恩军不断提高自己的同时，他的企业集团也随之逐渐地成长起来。

如何让自己获得成功？首先应该是让自己的脑袋“富”起来，即通过不断学习来提高自己的能力、素质以及知识水平，这将决定你能否成功。

临渊羡鱼，不如退而结网。以下几点建议可供参考：

(1) 从自己的收入中拿出一部分作为“学习基金”。

(2) 确定自己有哪些不足，比如工作中或创业中常遇到的问题是什么，那些做得成功的人比你强在哪些地方，根据这些确定自己需要提高的方面。

(3) 根据自己的情况，确定是买书自学还是去学习班学习。

(4) 如果选择学习班，则应选择自己目前最需要的。

(5) 选择学习班时，应具体了解学习班举办方的实力，并且听取以前学员的意见；同时考查该学习班的教课内容、师资水平、教学环境是否适合自己。

(6) 根据要学习的内容所需费用来制定自己的预算。

小成就靠运气，大成功靠积累

一个人要获得成功，就不能等待运气，而应自己去拼搏和积累，应该把自己的精力主要放在如何提高自己的能力、如何规划和完善自己的事业上。

做事的智慧

“做了就要一步一个脚印，专注是成功的前提。”这就是娅茜内衣有限公司董事长黄栩潇的感慨，他自己的事业正是这句话的完美体现。

随着娅茜内衣有限公司的发展，公司董事长黄栩潇已跻身亿万富翁的行列。从两手空空到家财亿万，他的财富是如何积累起来的？

1993 年，黄栩潇打算创业，并为自己选定了一个方向——做内衣。

黄栩潇创业之初是非常困难的，他只有租来的三间民房和 10 台家用缝纫机。刚开始生产内衣时，由于真正懂内衣的技术人员一个也没有，设备也简陋，运转相当困难。但他认准了这个目标，无论遇到什么困难，他都没有动摇。他经常骑着一辆摩托车不辞辛苦地在金华周边跑市场，带着自己的小作坊生产的内衣在杭州、义乌、衢州等商业繁华的地区一家家上门寻找代销商。在他的努力下，事业有了起色，积累了一些资本。

黄栩潇并没有“小富即安”。一年后，他扩大再生产，租了 600 平方米的厂房，购买了几十台工业缝纫机，实现了规模生产的愿望。当上了老板也相当不轻松，他既担任内衣设计师，又担任技术员，还要兼维修工。他自己修不了，就背上 30 多公斤重的机器前往内衣业发达的广东维修。为了省钱，他要在车厢过道上站几十个小时，实在热得受不了了就钻到座位下打个盹儿。为了宣传自己的产品，他决定去广交会。但是进广交会要交一笔摊位费，他舍不得这笔费用，就站在门口发公司产品的宣传资料。通过宣传，产品的市场影响扩大了一些，公司又有了一定的发展。

黄栩潇之后前往欧洲进行考察。第一次来到欧洲，他可真算是大开眼界。欧洲人设计的内衣简直美妙绝伦。他深深知道，他生产的内衣和国际一流水准还差得很远。差距虽然很大，但他下决心要做得更好！从欧洲回来，他开始大力提高产品的品质，用质量说话。同时企业也开始引入新的营销模式，开始向国外发展。1997 年黄栩潇接到了第一张外商订单，公司的产品轻松进入了欧洲市场。接着他又开辟了美国、加拿大、俄罗斯、韩国、澳大利亚等国家的市场。外商不断来公司洽谈合作，公司的品牌终于在国外打响了。黄栩潇的口袋里也开始装起了“洋钱”。

随着企业规模的不断扩大，黄栩潇深知自己作为掌门人，没有文化和眼界是不行的。于是他开始加紧学习，先后参加了各类企业经理培训班、领导艺术与沟通管理讲座、营销战略讲座等大大小小的培训班数十个。他经常是只要有讲座、有培训班，不管多忙，都要挤时间去听。他先是取得了大专文凭，后来又陆续拿到健峰高级经营管理师证书、清华大学 EMBA 研修班证书。他努力跟上时代的步伐，脚踏实地去创业。

黄栩潇确实跟上了时代的步伐。产品进入了国际市场后，局势变幻莫测，黄栩潇深深意识到创新对于一个企业的意义。要想做大做强，就必须大胆创新。于是他果断地在产品款式和公司管理以及市场营销上进行创新。公司的创新成果颇丰，最具代表性的有：在行业内独创“娅茜 1 + 1 营销”模式；投入巨额资金，成功签约香港著名艺人温碧霞代言，成为国内文胸行业首家请明星代言的企业……正是这不断地创新让娅茜的知名度不断提升。

年销售额也在近年迅猛增长，2003 年完成销售额 8100 万元，2004 年销售收入首次超亿元，2006 年完成销售额 1.6 亿元。靠自己的努力，黄栩潇最终积累起了巨额财富。

专家点评

财富不会从天而降，与其幻想靠“天”吃饭，看“天”的脸色，不如自己沉下心来踏踏实实地从头开始，一步步积累资本和条件。专注于自己的事业，梦想终会实现。

需要指出的是，资本的积累往往不是匀速的，而是加速度的，积累的资本和条件越多，获得的也就越多。

做事的禁忌

朱先生原本是一家工厂的普通工人，干了几年，有了点积蓄。后来他看到别人做生意发了财，他也开始按捺不住了。几个月后，他决定辞掉工作，拿自己的钱去做生意。可是做什么呢？很多行业他都想过，但是他都感觉钱来得太慢了，他觉得赚钱主要还是靠运气。于是他到处找信息，妄想能投机一把，赚上一笔。

他通过朋友得知，桂林市出现抢购“板蓝根”风，药价已哄抬到每包(20～50)元。得到这个信息后，他马上决定倒卖“板蓝根”发财。第二天，他通过在某药厂工作的亲戚，以每包 15 元的高价，买了每件 60 包装的“板蓝根” 5 件。当天晚上，他算了一下账，如以每包 50 元的价格售出，可净赚 10 000 余元。他激动得一夜未眠。

可是，第二天上午，满以为可发一笔意外之财的他却从报纸上读到了市政府要严肃查处哄抬“板蓝根”价格坑害消费者行为的报道。结果，朱先生再也不敢高价出售自己高价抢购来的“板蓝根”。抢购“板蓝根”的风波平息了，朱先生的发财梦也破灭了。

专家点评

朱先生本可以用自己的积蓄开个店或者做别的事情，一步步去获取成功，可是他等不及，妄想一下赚很多钱，本为碰运气，却摊上了霉运。

我们不能否定运气的作用，但也不能把自己的成功都寄托在运气上。运气有很大的不确定性，能碰上运气的人少之又少，而一心要碰运气，往往会翻船。

举一反三

虽然渴望成功是人的本性，但并不是每个人都能如愿以偿。多少人奋斗了一生还是两手空空，一无所有。为什么？因为小成就靠机遇，大成功靠积累。多数人只注重机遇，而没有注重积累，所以他们不能获得大成功。

人生偶然性成功一次容易，但成功一生却太难。因为把握机会的人太多，咬住不放的人则太少。多数人只要有了一点成绩就开始沾沾自喜，贪图享受，所以他们往往不能有大的成就。

今天成功的企业家，他们之所以成功，都有一个共性，那就是专注、坚持(个别企业除外)。他们在一个行业、一家企业一做就是几十年。最后，自己由一个普通人变成了一个专家，企业也由一个小作坊变成了一个大集团。因为专注，他们学得更多；因为专注，他们懂得更多；因为专注，他们积累得更多；因为专注，他们变得更强大。所以一个注重坚持、注重学习、注重积累的人，他的力量是无穷的。

不怕梦想大，就怕能力小。因为梦想再大，也需要能力来实现。如果一个人的能力得不到提升，那么他的梦想永远实现不了。然而，人的能力不是天生的，而是后天学习和积累起来的。

工作不仅仅是金钱的积累，更需要能力和经验的积累。一个人只有提升了获得财富的能力，他才能获取更多的财富。而能力只有在专业的领域里发挥才能创造价值。一个人如果什么都会那么也就意味着他什么都不会。因为以人生有限的时间和精力不可能学习无限的知识，所以应该给自己定位。一个人有了定位，哪怕他走得再慢，也比那些漫无目标的人走得快。只有定位，他才能积累得更多，成长得更快，成功的概率更大。

多数人不成功，不是选择太少，而是选择太多，结果他的人生失去了目标和方向，折腾了几十年，每年都是从零开始，到头来什么事都没有做成。

人们说，三百六十行，行行出状元。世上没有不赚钱的行业，只有不赚钱的企业；没有不赚钱的事，只有不赚钱的人。企业的成功和人的成功都源于积累。成功仅仅靠坚持是不够的，更需要积累。当一个人的财富、信誉、能力、客户积累到足够多的时候，谁还有资格与他竞争呢？有的人在一个行业坚持了几年，甚至几十年依然没有成长，没有成功，那是因为积累得太少了。

如何让成功的偶然性变成必然性呢？这需要梦想，需要能力，需要坚持，需要方向。成功是时间的积累、经验的积累、人脉的积累、知识的积累、信誉的积累和财富的积累。

小成功靠机遇，大成功靠积累。人们往往重视机遇，忘记了积累。因此，多数人的成功是一次性的、短暂的、偶然的，只有那些注重修炼内功、注重成长、注重服务客户、注重提升品质的企业或个人才会成为最终的大赢家。

在谈论别人的成功时，有些人常常把一句话挂到嘴边："人家的运气好，咱没那个命。"在他们的观念中，似乎运气是决定一切的。因此，他们在做事的时候，也抱定运气决定一切的观念。他们把自己的前途都押在了碰运气上，而不是脚踏实地地去积累。

有时运气固然重要，但它也只是助推器，而不是发动机。如果一天到晚只幻想走大运，不愿意脚踏实地一步步地去拼搏、积累，那么自己的成功之梦只能是镜中花、水中月。要想实现自己的成功之梦就先要抛弃碰运气的投机心理。以下几点建议可供参考：

(1) 当周围和社会上出现狂热的"靠运气赚钱"的现象时，一定要提醒自己冷静，分析这些做法是否违法，是否为不可靠的短期投机行为。如果是，那就不要盲目跟风。

(2) 认真评价自己和自己拥有的资源、条件，选择一个最合适自己的项目作为立足点。

(3) 不断地学习。要取得大的成就，先要充实自己，改变自己不切实际的思维方式，积累自己的知识、技能、经验，提升自己的水平。

(4) 立足现实，一步步推进自己的事业。当获得一点成就时，要思考如何通过改进和创新，来让自己获得更大的成就。

(5) 虽然不能迷信运气，但是如果有机遇，也一定要该出手时就出手，果断地把握住机遇。

(6) 更多的机遇是要靠自己去发现、创造的。能够不断地发现、创造机遇，才能将自己的未来牢牢地掌握在自己手中。

5 积蓄力量稳中求胜，不要急于求成

把事做到位不是件容易的事，在这个过程中最忌讳的就是心态浮躁、急于求成。急于求成就容易思考不全面、轻敌冒进，到最后功亏一篑。渴望成功的人，应该记住：稳重才能成就大事，做事切不可浮躁。

做事的智慧

1996 年春，12 名攀登珠穆朗玛峰的登山者死于暴风雪，然而和那些不幸遇难的登山者一起攀登珠穆朗玛峰的瑞典登山者克洛

普却保住了性命。因为他在距峰顶仅余300英尺时转身下山了。

对于业余登山者来讲，登顶失败损失的只不过是一些自尊心而已，但是克洛普以登山为生，登顶对于他来说意味着许多东西。假如他在不携带氧气的情况下能够成功登顶，将刷新珠峰攀登的历史纪录。并且，他为了到达珠峰，骑自行车从瑞典出发，行程7000英里。可以说，克洛普为登顶已付出了很多努力，前功尽弃，损失很大。

克洛普为什么会停步在离峰顶咫尺之处？是经受不起困难的考验，还是缺乏进取心，或身体状况不佳？这些都不是。原因在于他预定的返回时间是下午两点。虽然再用45分钟他就可以到达峰顶，但那样做就会超过安全的时限，无法在夜幕降临前下山。在遇难的12名登山者中，多数人都登上了峰顶——但他们却都错过了安全返回的时间。

后来，克洛普经过几个星期的休养生息，适应了恶劣的气候，相对轻松地登上了珠穆朗玛峰。他在对登山者意味着更多死亡危险的春季登上珠峰，却没有留下任何影响终身的冻伤，也没有因为惨烈的教训留下心理创伤，最终毫发无损地返回了家乡。

专家点评

渴望成功决不意味着不惜一切代价，适可而止也并不等于认输。做事急于求成的人往往会适得其反。那些急于求成的人和懂得保持均衡的人相比，懂得保持均衡的人取得的成绩会更大，生活得也会更快乐。

做事的禁忌

有一个姓张的先生，几十年辛辛苦苦做事，有了一些积蓄，但一直都想更富裕些。近年来，他周围有的人做生意发达了，他的心于是也安不下来了，决定拿出自己的积蓄闯一下。

他看到当地个体客运生意兴隆，于是就决定买一辆面包车跑客运。他让儿子学驾驶，才学了不到半个月，为了节省开支，就让儿子顶班开车，结果开业第一天就出了车祸。车将一位农妇的大腿撞断，一下子赔进去数万元的医药费。还没赚钱，倒先赔上了。老张又气又急，他急着挽回损失、赚大钱，于是不顾家人反对，又添了一辆卡车跑货运。为了尽快多赚钱，他的车没日没夜地跑，有了小故障也不检修，不到一个月又出了一次车祸。他在心急中昏了头，连车辆最起码的保险费也没有交，结果是单方面承担了十万元的责任赔偿。

折腾了两年，张先生不但没赚到钱，反而连几十年的积蓄也全都赔光了，还背了一身债。

专家点评

本来打算大干一场，结果却赔得很惨，张先生为自己的心急付出了沉重的代价。由于心急，他居然让刚学车的儿子开车；由于心急，他竟然让卡车没日没夜地跑，小问题也不检修，结果酿成了大祸；由于心急，他甚至把交车辆保险费都抛在了脑后。教训真可谓深刻！其实，如果他心态平和，仔细冷静地去分析，很多问题都是可以避免的。

举一反三

“心急吃不了热豆腐”，但很多人就是等不了，因为他们太渴望成功了，总想一口吃个胖子，忽视了饭要一口一口吃的道理。这部分人或许脑子并不笨，许多道理都懂，但就是关键时刻忍不住。古语的“谋事在人，成事在天”说的就是成功本身就带着偶然性和不确定性的成分，需要等待时机，切不可轻举妄动。“拔苗助长”的寓言也是同样的道理。

获得成功的过程，既是一个探险的旅程，又是一个积累的过程，必须抱着很大的耐心才能最终到达目的地。如果急着奔目标赶去，不顾脚下，不顾规律，该注意的没注意到，风险也都没意识到，那么难免栽跟斗。

一位智者说：“慢些，我们就会更快。”的确，有些人为了显示效率，凡事草草了结，结果得不偿失，使得一件本需一次完成的事情，需要重复多次。因此，在做事情时一定不要急于求成。

给自己更多的时间去看、去想、去琢磨。思考问题的时候，其实是越慢效果越好，一要保持冷静，二是不能过于急切。凡事还是给自己多点时间、多点选择余地、多点处事方法，对比之下才能得到更合适、有效的方法，节省更多的资源。

等待是一种策略，需要的是智慧和耐心。等待也是一种战术，放弃一些小的机会是为了捕捉更大的机会，更何况机会与风险有时并非成正比，小机会可能蕴藏着大的风险，而大机会总是在大跌之后产生的。所以大机会降临的时候，往往是风险最小的时候。

现代社会是个高速发展的社会，经济高速运行，人的心态也难免浮躁了起来，急功近利的大有人在。但是，你要明白这些都是危险的。有的人急于求成，一口想吃成个胖子，想一步登天，买股票、买彩票，孤注一掷，想一举成为大富翁。聪明的人则将总目标划分为阶段性目标，重视一步步的累积，他们懂得“罗马不是一日建成的”，财富也不是一天就能赚来的。

1984 年，在东京国际马拉松邀请赛中，名不见经传的日本选手山田本一出人意料地夺得了世界冠军。当记者问他凭什么取得如此惊人的成绩时，他说了这样一句话：“凭智慧战胜对手”。

当时许多人都认为这个偶然跑到前面的矮个子选手是在故弄玄虚，马拉松比赛是体力和耐力的运动，只要身体素质好又有耐力就有望夺冠，爆发力和速度都还在其次，说用智慧取胜确实有点儿勉强。

两年后，意大利国际马拉松邀请赛在意大利北部城市米兰举行，山田本一代表日本参加比赛。这一次，他又获得了世界冠军。记者又请他谈经验，山田本一回答的仍是上次那句话：“用智慧战胜对手”。

10 年后，这个谜终于被解开了，山田本一在他的自传中这样说道：“每次比赛之前，我都要乘车把比赛的路线仔细地看一遍，并把沿途比较醒目的标志画下来，比如第一个标志是银行；第二个标志是一棵大树；第三个标志是一座红房子……这样一直画到赛程的终点。比赛开始后，我就以百米的速度奋力向第一个目标冲去，等到达第一个目标后，我又以同样的速度向第二个目标冲去。40 多公里的赛程，就被我分解成这么几个小目标轻松地跑完了。起初，我并不懂这样的道理，我把我的目标定在40多公里外终点线上的那面旗帜上，结果我跑到十几公里时就疲惫不堪了，我被前面那段遥远的路程给吓倒了。”

有一个农夫在地里种下了两粒树种，很快它们就长成了两棵同样大小的树苗。第一棵树在最开始的时候就决心长成一棵参天大树，所以它拼命地从地下吸取养料，储备起来，用以滋润每一个细胞，并总是盘算着怎样向上生长，完善自身。因此，在最初的几年并没有结果实，而是一直在积蓄力量，这让农夫很恼火。

另外一棵树同样也拼命地从地下吸取养料，但是却总想讨主人欢心，总想早一点儿开花结果，好早一点儿完成主人的心愿。最终，它早早地开花了，农夫看在眼里，喜在心上，非常欣赏它并经常浇灌它，给它施肥。

日子过得飞快，那棵久不开花的大树由于身强力壮，养分充足，终于开花并结出了又大又甜的果实。而那棵过早开花的树，却还没有成熟就早早地承担起了开花结果的任务，所以结出的果实苦涩难吃，并不讨人喜欢，而且自己也因此累弯了腰。农夫诧异地叹了口气，终于，用斧头将它砍倒，当柴烧了。

6 给自己的定位，和别人无关

当你明白自己“想成为什么”并为自己定位后，再将时间、精力全部投入到“想做什么”，那么最后“你想有什么”的结果便自然会出现。

做事的智慧

富勒制造公司的创始人阿尔弗雷德出生于贫苦的农民家庭。好的工作似乎总是和他无缘，尽管两年中他一直认真努力，但却先后失去了三份工作。直到他接触到了销售刷子这个行当，这时他才发现自己是多么不喜欢以前的那几份工作，而那些工作对他又是多么不合适。

从阿尔弗雷德刚开始从事这个职业开始，就有一个感觉：他会把这个销售工作做得很出色。因为他喜欢这个工作，所以他把自己的所有精力集中于从事世界上最好的销售工作。

阿尔弗雷德果然成了一个十分成功的销售员。后来他发现，创办自己的公司才更适合自己的个性，因此他把创办自己的公司定为了下一个目标。于是，他停止了为别人销售刷子的职业，开始把自己的目标付诸行动。

他在晚上制造自己的刷子，第二天又把刷子卖出去。在销售量刚开始上升时，他租了一栋旧房子，雇佣了一名助手为他制造刷子，他本人则专注于销售。

这个曾经三次失去工作的人，最终成立了他自己的富勒制造公司，并拥有几千名销售员和数百万美元的年收入。

因为给自己找对了一个正确的位置，才有了努力的方向。这

个故事告诉我们，只有自己才最了解自己，命运掌握在自己手中，所以，给自己一个正确定位，才能促使自己成功。

做事的禁忌

很久以前，有一个农夫，他有一头小毛驴。一天，农夫用驴驮着一袋土豆到集市去卖。卖完后，他牵着毛驴，哼着小曲往家走去。

有人见他牵着毛驴走，说道："真笨，有驴不骑，偏要走路。"

农夫听了觉得有道理，便骑上毛驴，果然很舒服，农夫非常高兴。

不久，迎面走来一个人，见他骑着驴，就说："真不像话，毛驴每天为你辛辛苦苦劳累，你竟然还要骑它。"

农夫一想，那人说得对呀，自己真是没有良心。

他赶忙从驴背上跳下来，却不知如何对待驴子，骑吧，不对，不骑吧，也不对，最后他决定扛着毛驴回家。行人见状都指着他说："瞧，那个大傻瓜。"

农夫生气了，把毛驴扔下了悬崖，看见的人都说："真残忍，好端端的一头毛驴被毁了。"

农夫更生气了，心想："我死了，总不会有人说什么了吧！"于是他纵身跳下了悬崖。可是人们依旧说："这家伙真是不可救药，连自己都敢扔。"

专家点评

可怜的农夫本来牵着毛驴走的时候很快乐，也没有什么不对，假如他没有在意第一个人的话；本来他骑着毛驴也很舒服，也没有什么不对，假如没有在意第二个人的话；本来他会拥有一头能干的小毛驴和鲜活的生命，假如没有在意路人的话。可事实上，他听信了所有人的意见，唯独没有坚持自己的主见，最终失去了快乐、毛驴，甚至生命。

举一反三

对每个人来说，每天都有很多的事情要做，有大事、小事，有令人愉快的事，也有令人心烦意乱的事，但是哪些事才是最重要的呢？不弄明白这个问题，你就会浪费许多精力和时间，结果让你身心疲惫。

所谓重要的事情，必须是根据你的具体情况，出自你自己的真实想法和感觉，你认为什么事情对你重要，那么这件事才是“重要”的事情。

也许，你家有一件你曾祖母当年购买的棉被，虽然如今它已经破旧不堪，甚至在“跳蚤市场”中两块钱都没有人愿意买，但是，这并不影响这条破被子对你的价值。

你也该以同样的态度正视自己的梦想及目标。对你来说最重要、最有价值的事情，未必对其他人也有相同的意义。

成功学大师拿破仑·希尔认为，你选择的工作如果十分符合自己的兴趣，那么你就很容易获得成功。因为从某种意义上来说，一个人为之投入太多兴趣的工作就是适合他自己的工作。

同时，谁都有自己的短处，一个人的短处不可能完全抵消掉他自己的长处。要想获得大的成功，关键在于如何让自己的长处产生最大程度的正面效应，同时将缺陷的负面效应降低到最小限度。因此，你首先要搞清楚自己适合什么行业。

很多人都有这样的经历：从先前的工作中解脱出来去做适合自己的事情取得了更大的成就。每一个人都应该努力根据自己的特长来设计自己，量力而行；根据自己的环境、条件、才能、素质、兴趣等，给予自己准确的定位，找到适合自己的事情，从而走向成功！

对自身进行适当的定位，是在适应社会方面迈出了成功的第一步。如果不充分了解自己的长处，只凭自己一时的兴趣和想法，那么定位就不会准确，盲目行动只会遭遇失败和挫折。

很多人能获得成功，首先得益于他们能够正确地评价自己，知道自己的长处，并且能够根据自己的特长勇敢地对自己进行定位。

李扬是我国著名的配音演员，深受观众喜爱的卡通形象唐老鸭就是他配的音。

李扬从小就有很强的模仿能力，如果家里来了客人，常常是客人前脚刚走，他就在后面学起了客人的模样。渐渐地他开始喜爱上了影视艺术和文学艺术。

李扬初中毕业后即参军了，在部队是一名工程兵，挖土、打坑道、运灰浆、建房屋等是他主要的工作内容。此时，李扬深深地知道自己的爱好，他决心要把自己身上潜在的这种宝藏发掘出来。

为了实现这个愿望，他抓紧时间工作，在工作之余认真读书，博览众多的名著剧本，自己还尝试着搞创作。退伍后李扬也只是一名普通工人，但他仍然在为自己的理想而努力。

不久，大学恢复招生考试，李扬考上了北京工业大学机械系。作为一名大学生，他有很多机会来发掘自己身上的这块宝藏。

经朋友介绍，李扬参加了很多外国影片的译制录音工作。李扬虽然只是一名业余爱好者，但他能发出生动的、富有想象力的声音，曾参加《西游记》中美猴王的配音工作。

1986 年初，《米老鼠和唐老鸭》招聘汉语配音演员，李扬的配音因风格独特被迪斯尼公司相中，他开始为可爱滑稽的唐老鸭配音。结果这部动画片风靡世界，李扬也一举成名，从此迎来了自己事业中的辉煌时刻。

1992 年，李扬转赴香港，成立香港李扬集团，闯入香港影视圈。通过重新策划改编电视连续剧《三国演义》，实现了文化与经济的完美结合，他亦因此成为地道的“文化商人”。

李扬说，自己之所以成功，是因为一直没有停止过挖掘自己的长处。

智者往往是自己给自己定位，因为只有自己才知道自己的潜能所在，只有自己才知道自己的长处，只有自己才知道怎样挖掘自己的长处。最了解自己的人只能是自己。自己给自己定位，才能更好地找准自己在社会上的位置，更好地适应社会。

许多人在追求成功的人生时，常常从想“拥有些什么”开始下手，他们希望有一辆新车、一个新家、一种新生活和独立的经济能力。当他们在追求的过程中，发现事业并不如他们所想象的容易实现时，他们便换个新的目标或者放弃原来的追求。这种想法和做法需要改变，不要从“想拥有什么”开始，而应该从“想成为什么样的人”开始。

先在自己身上投资，这才是你最大的资产。你的态度、智慧、知识、才华、经验及技能，这些都是你实现目标的原料。而且“成为什么样的人”，直接影响你可以“拥有什么”。

成为你想成为的人，就得从你的性格、情感、理想、习惯、人际关系以及你认为最成功的精神生活等开始，将你的目标设定在“成为什么样的人”，然后努力成为那种人。

在向这个目标努力的过程中，你会发现自己所展现出的长处、精力及想法不同寻常。然后，当你在习性及思想上达到目标的时候，你就会以最勤奋的精神、运用你的能力及创意，尽全力去实现你的目标。

当你依照这个程序持续一段时间之后，你就会获得有形的成果及回报。最终，你将拥有所有你想要的东西，甚至更多。

因此，只有自己给自己定位，才能找到更准确的位置，才能够更好地适应环境，适应社会需要，不断获取新的发展。

7 重实干，不重虚名

“咬定目标，坚忍不拔，身体力行，追求卓越”，这一实干精神所展现出来的既是一种毅力，更是一种素质；既是一种要求，更是一种行动。今天，只有实干，才能赢得尊重；只有实干，才能赢得发展。做人做事，只有实干，别无选择。

做事的智慧

一次老同学聚会上，谁也没想到阿昆居然是所有人中发展得最好的一个，但更没想到的是，从毕业至今，他竟然在一个公司待了10年。10年，现在还有谁会在一家公司干10年，能做5年就已经是奇迹了。他现在是一家外资企业的生产总经理，年薪20万。他是自己开车来的，仅他一个。我向他讨教成功之道，谁知他只一句话就把我们打发了："我只为今天的'牛奶'。"

他说："其实我也曾想过换个环境，但现在的工作这么难找，再说，你又不能保证新工作会比原来的好，与其这样浪费精力，倒不如全身心投入到现在的工作上去，多学点东西。我在生产线待了3年，然后当技术员两年，后来当上了副经理，现在把副字去掉了……为今天的'牛奶'努力吧，兄弟们，别一山望着一山高。我们常说'牛奶会有的，面包也会有的'，可是我们必须得为今天的'牛奶'努力，不然一切都没有了。"

专家点评

对一个聪明人来说，每一天都是一个新的开始，你当然可以谋划自己的理想和前程，甚至可以放眼世界寻找更好的机会，但不要忘了我们首先得为"今天的牛奶努力"，在每个"今天"执著，踏实地走好每一步，展现在你眼前的将是满园春色。

做事的禁忌

晋朝的时候，有个穷书生名叫车胤，家贫买不起灯油，夜里读书，就捉萤火虫装在纱袋里照明。还有一个人名叫孙康，冬天常常站在雪地里，利用白雪的反光读书。

于是，这两个人苦学的名声被人们到处传颂，大家都把"囊萤"和"映雪"作为学习的典范。有一天，孙康去拜访车胤，正好车胤不在。

孙康问家人："主人到哪儿去了，"

家人回答："到河边捉萤火虫去了。"

过了几天，车胤回拜孙康，只见孙康背着双手闲站在庭院中。车胤问："你怎么不读书呢，"孙康仰头看天说："我看今日这个天色，不像要下雪的光景。"

专家点评

名和实应该是一致的。但有些人做出了某种成绩以后，在名誉面前飘飘然，变得只图虚荣，不务实际了，这就是人们常说的"盛名之下，其实难副"。

举一反三

有位学者说，人的生活中总是假中有真，真中有假，这些都不失为人生的真实，最令人厌恶的倒是半真半假。在真和假面前，相信人们会向真靠拢。因为人生应当是真实的，而不应当是虚假的。

世上有以金钱财富为荣者，有以职称名誉为荣者，有以文凭服饰为荣者……然而，这些东西都不能表明一个人的真实价值。如果一个人不能通过自己的劳动和创造，为社会和他人作出自己应有的贡献，如果不是坚持正直、诚实、高尚的人格，那么一切财富、地位、职称、文凭、服饰，以及华而不实的“知名度”，都不过是掩盖其真相的假面具。

虚荣和虚名是有区别的，虚荣是一种内心的虚幻荣耀感，会使人脱离现实看世界；而虚名是别人加给的一种名誉，或者个人心中希望获取的荣誉。一般来说，名与实是相符的。一个人的名声和他实际所作的贡献是相等的。但是，有些人获得了名誉之后，就不再发展自己的才能，也不再作出自己的贡献，这种名誉就和实际渐渐地不相符合了，也就成了虚名。

做人如果被虚名所累，就会放弃努力，沉醉在已经取得的名誉上，不思进取，最后一事无成。

中国古代的《伤仲永》的故事，说的就是被虚名所误的人生教训。

仲永小时候是个神童，过目不忘，能吟诗作赋，被人称颂，成为一时的名人。可是在他成名之后，沉醉在虚名之下，不再刻苦努力学习，渐渐地长大成人之后，他就和一般人一样了。他的那些天赋、才能也都离他而去了，一生无所作为。

还有一些人取得名誉之后，就不顾自己的实际，拼死拼活地维护自己的名誉，结果，早早地就被名誉累死，这实际上是得不偿失的。

一位作家，极看重自己在公众心目中的形象，得了肝病，不愿告诉别人，也不去诊治，将病情当秘密一样守护，唯恐自己给人留下一个弱者的印象，结果到了挺不住的那一天为时已晚，被人送进医院不到两个月便与世长辞，年龄不过43岁。可以说，他是被自己的名气累死的。

名誉毕竟是人的身外之物，虽然很重要，但是，人的生命更重要。为了追求身外之物的名誉，而影响、损害甚至送掉性命，就是舍本逐末。生活中有很多这样的人，他们常常在这种名誉下，生活得很苦很累，失去了常人生活的乐趣，总是想着自己的一言一行、一举一动都要符合自己的身份，这就像给自己戴上了名誉的枷锁，失去了生活的自由，也失去了生命的本真。

不为虚名所累，就是一切以人为本，该怎么做就怎么做，该追求自己的人生目标，就不要被眼前的花环、桂冠挡住了前面的道路，你应该毫不犹豫地抛开这一切身外之物，走自己的路、干自己的事，不因小成就妨碍自己的大成功，这样你才能获得真正的荣誉。

图书在版编目(CIP)数据

做事的智慧与禁忌/廖康强编著.
—西安：西安电子科技大学出版社，2012.9
ISBN 978-7-5606-2803-5

Ⅰ. ① 做… Ⅱ. ① 廖… Ⅲ. ① 成功心理—通俗读物
Ⅳ. ① B848.4-49

中国版本图书馆 CIP 数据核字(2012)第 106621 号

责任编辑 买永莲 阎 彬
出版发行 西安电子科技大学出版社(西安市太白南路 2 号)
电 话 (029)88242885 88201467 邮 编 710071
网 址 www.xduph.com 电子邮箱 xdupfxb001@163.com
经 销 新华书店
印刷单位 陕西天意印务有限责任公司
版 次 2012 年 9 月第 1 版 2012 年 9 月第 1 次印刷
开 本 850 毫米×1168 毫米 1/32 印 张 9
字 数 185 千字
印 数 1～4000 册
定 价 17.00 元
ISBN 978-7-5606-2803-5/B・0007
XDUP 3095001-1